农村计划生育工作手册

艾绳富　霍晓霞　编著

中国社会出版社

图书在版编目（CIP）数据

农村计划生育工作手册／艾绳富，霍晓霞编著．—北京：中国社会出版社，2007．12

ISBN 978－7－5087－1857－6

Ⅰ．农…　Ⅱ．①艾…②霍…　Ⅲ．农村—计划生育—工作—中国—手册　Ⅳ．C924．21－62

中国版本图书馆 CIP 数据核字（2007）第 156850 号

书　　　名：农村计划生育工作手册
编　　　著：艾绳富　霍晓霞
责 任 编 辑：霍静丽

出 版 发 行：中国社会出版社　　邮政编码：100032
通 联 方 法：北京市西城区二龙路甲 33 号新龙大厦
电话：（010）66051698　电传：（010）66051713
邮　购　部：（010）66060275
经　　　销：各地新华书店

印 刷 装 订：北京京海印刷厂
开　　　本：145mm×210mm　1/32
印　　　张：5．375
字　　　数：127 千字
版　　　次：2007 年 12 月第 1 版
印　　　次：2014 年 7 月第 5 次印刷

定　　　价：9．00 元

目 录

第一章　基本知识

什么是人口问题

人口问题是影响人口生存与发展的各种问题的总称，是指人口发展的过程、规模、速度、质量同社会经济、生态环境发生不相适应的问题。我国现实的人口问题表现在人口与经济、人口与社会、人口与生存等方面。

什么是良好的人口环境

良好的人口环境，就是要保持适度的人口总量、优良的人口素质和合理的人口结构，促进人口与经济、社会、环境、资源的协调发展和可持续发展。

如何理解人口与经济、社会、资源、环境的协调发展

人口与经济、社会、资源、环境的协调发展，是指在一定的区域内，人口数量、人口素质、人口结构都应与经济、社会发展相适应，与资源利用、环境保护相协调，以保证人口与经济、社会的协调发展，既满足当代人的基本要求，又不危害子孙后代。

什么是计划生育

计划生育，是指为了社会、家庭和夫妇的利益，育龄夫妇有计划地在适当年龄生育合理数量的子女，并健康地养育下一代，以增进家庭幸福，促进人口发展与经济、社会的发展相适应。

我国的计划生育政策是什么

我国现行的计划生育政策属于限制人口增殖的政策，其基本内容是：提倡晚婚晚育，少生优生，提倡一对夫妇只生育一个孩子，国家干部和职工、城镇居民除有特殊情况经过批准可以生第二个孩子以外，一对夫妇只生育一个孩子。农村也要提倡一对夫妇只生育一个孩子，某些群众确有实际困难，经过批准可以间隔几年以后生第二个孩子。为了提高少数民族地区的经济文化水平和民族素质，在少数民族中也要实行计划生育，具体要求和做法，由各自治区或者所在省决定。

“晚婚、晚育、少生、优生”是我国现行计划生育政策的核心内容，这些政策的贯彻和执行直接影响到我国计划生育政策的效果和人口与计划生育政策的成败。

我国计划生育政策的特点是什么

我国计划生育政策的主要特点是：既提出了限制人口数量过快增长的要求，又提出了提高人口出生素质的要求；既提出了国家提倡什么，又提出了国家抑制什么；贯彻了从实际情况出发，区别对待、分类指导，不一刀切的精神；少数民族也要计划生育，但生育数量可以适当放宽。

实行计划生育的意义是什么

计划生育是我国的一项基本国策，我国早在 1956 年发布的《全国农业发展纲要》草案中就规定了“除了人口稀少的少数民族地区以外，在一切人口稠密的地方，宣传和提倡节制生育，提倡有计划地生育子女，使家庭避免过重的生活负担，使子女受到较好的教育并且得到充分就业的机会”。

实行计划生育对家庭、对社会都有重要的影响。

对构成社会的细胞——家庭来说，有利于家庭的幸福和父母的健康，有利于孩子的教育和培养；

对我们社会主义国家来说，实行计划生育可以控制人口的数量提高人口的素质，使人口的再生产和物质资料的生产相适应，国家的经济有所发展，社会安定，人民生活水平有所提高，加速现代化的步伐；

对人类与环境的关系来说，人类与环境相互矛盾，相互依存又相互制约，如果盲目地增加人口，盲目地发展生产和消费，势必导致能源、资源的短缺和枯竭，环境的污染和退化，削弱人类未来生存条件的基础，损害与环境的协调和平衡发展，而实现这一目标的主要途径就是实行计划生育。

国家依靠哪几种方式开展人口与计划生育工作

国家依靠宣传教育、科学技术进步、综合服务、建立健全奖励和社会保障制度等五种方式开展人口与计划生育工作。

开展人口与计划生育工作的根本宗旨是什么

坚持以人为本，尊重群众计划生育主人翁的地位，维护公民实行计划生育合法权益，把公民实行计划生育的义务与权利有机地统一起来，是开展人口与计划生育工作的最终目的和根本宗旨。

什么是法定婚龄

《中华人民共和国婚姻法》第六条规定：结婚年龄，男不得早于二十二周岁，女不得早于二十周岁。晚婚晚育应予鼓励。

什么是晚婚、晚育

晚婚是指在法定婚龄的基础上，适当推迟实际结婚年龄。我国现行计划生育政策规定，迟于法定结婚年龄三年以上结婚者，即为晚婚。晚婚对控制人口数量的作用是：一是缩短妇女的生育期，有利于减少生育量；二是拉长两代人的间隔，相对减少同一时点生存的人口数目，有利于提高人口素质。

晚育，是指适当推迟妇女婚后的初育年龄。初育年龄是妇女婚后生育第一个孩子的年龄。采取避孕措施可以推迟妇女生育的年龄。晚育不仅有利于青年妇女在德、智、体方面得到全面发展，还有利于控制出生人口和人口增长速度。晚育会使生育年龄推迟，拉长两代人的间隔，使人口增长速度减慢。

什么是少生、优生

少生，是指要求已婚育龄妇女减少生育子女数。少生是国家实行计划生育的基本要求。只有少生，才能降低妇女生育率和人口出生率。在我国目前情况下，少生是指生育两个以下子女。国家普遍提倡每对夫妇生育一个子女，对确有实际困难又符合政策规定的育龄夫妇，可以有计划地安排生育两个子女。大力提倡和推行一对父母只生育一个孩子，有利于缓和人口增长过快和经济发展不相适应的矛盾。

优生，是指生育身心健康的婴儿，促进人类在体力和智力上优秀个体的繁衍。优生是我国计划生育政策的基本内容之一，是提高一个国家和民族的人口素质的重要措施。人口是素质和数量的统一，也是生物属性和社会属性的统一。现代遗传科学证明：遗传因素对婴儿身心健康有着重大影响。提倡优生，就是防止有遗传疾病和先天畸形婴儿的出生。

科学文明进步的婚育观念包括哪些内容

科学文明进步的婚育观念包括以下内容：

晚婚晚育；

少生优生；

生男生女一样好；

女儿也是传后人；

男女平等和计划生育丈夫有责。

新时期我国的人口形势是怎样的

我国新时期的人口形势主要有以下特征：

1. 低生育水平还不稳定

我国人口再生产类型虽然已经实现了由高出生、低死亡、高增长向低出生、低死亡、低增长类型的历史性转变，总和生育率已下降到发达国家水平。然而，由于我国人口转变的途径与发达国家的转变途径有很大不同，我国的低生育水平具有不稳定性和不平衡性的特点。我国人口转变的模式是诱导式，即为推进经济发展，改善人民生活，国家采取了一手抓经济、一手抓人口的战略，采取宣传的、行政的、法律的、经济的等综合手段，动员已婚育龄群众落实避孕节育措施，促使生育率下降，人口再生产转向低生育水平。诱导式转变模式的特征是：生育率下降在先，经济社会发展滞后，婚育观念转变滞后，因而低生育水平不稳定。

2. 人口规模过大并继续增长

根据第五次全国人口普查统计，截至 2000 年 11 月 1 日，全国总人口已达 126583 万人。人口过多仍然是我国面临的首要人口问题。随着我国第三次人口出生高峰期（约为 1985—1991 年）出生的人口逐步进入婚育期，2005—2020年，我国生育旺盛期妇女数量将形成一个新的高峰，表明蓄积着强大的人口增长势能。即使生育率已经降低，人口年增长率下降，但绝对增长量仍相当可观。即使是在严格执行现行计划生育政策、稳定目前较低生育水平的情况下，我国人口还将持续增长。

3. 劳动年龄人口增长呈现高峰

1990年第四次全国人口普查时，劳动年龄15岁~64岁人口为7.5亿，1996年增长为8.2亿。2000年第五次全国人口普查结果表明，目前我国劳动年龄人口为8.8亿，已占总人口的70.15%，这是迄今为止这个年龄组在世界上最高的比例。21世纪的头20年，劳动年龄人口数量庞大，增长速度很快。每年将新增劳动力550万左右，约到2020年，劳动年龄人口将达到高峰，接近9.4亿。劳动就业压力非常大，如果解决不好，势必严重影响经济发展和社会稳定。

4. 人口老龄化速度进一步加快

我国已经开始进入了人口老龄化社会。第五次全国人口普查结果表明，65岁及以上人口达到8811万人，占总人口的6.97%，与第四次全国人口普查时相比，上升了1.39个百分点，今后将继续以比较快的速度增长，预计到21世纪中叶，我国65岁以上老年人口将达到3亿以上，占总人口的1/5。届时，世界上每4位老人中就有1位生活在中国。老年人口问题和人口老龄化，是目前国际社会普遍关注的又一世界性人口问题，也是我国面临的日益尖锐的人口问题之一。

5. 人口素质亟待提高

新中国成立50多年来，我国人口素质有了很大改善和提高，但与发达国家相比，还存在不小的差距，特别是与信息时代和知识经济的要求相比很不适应。

6. 迁移与流动人口大量增加

流动人口为城乡经济建设和社会发展作出了积极的、重要的贡献，也为城镇化做好了前期准备。但大量流动人口的出现，增加了计划生育管理与服务的工作量和难度，各地普遍反映流动人口计划生育工作存在严重问题，导致流动人口超生、多生现象难以得到有效控制，也不利于提高流动人口的生殖健康水平。

人口和计划生育工作在社会主义现代化建设中有怎样的地位和作用

我国在确定社会主义现代化建设的主要奋斗目标时，始终把实行计划生育作为关系我国经济、社会发展全局的重大问题。国家在制定国民经济和社会发展“十五”计划时，不仅明确提出经济、社会发展的总体目标，而且明确提出人口控制目标；不仅确定了总的国力要求，而且提出了在经济和社会发展的重要领域的人均指标；不仅提出人口控制的总体目标，而且为了完成人口控制目标，明确提出了人口和计划生育部门的具体工作目标。这充分说明人口和计划生育工作在我国现代化建设事业中的重要地位。如果不继续控制人口增长，相当一部分经济建设成果将被过快增长的人口所抵消；如果不注重提高人口素质，经济增长方式的转变，经济结构的调整也将面临很大的困难，社会主义现代化的宏伟目标最终将难以实现。因此，我们在发展社会生产力的过程中，不仅要始终注重物质资料生产，不断增加物质财富，同时还要始终有效地控制人类自身的生产，注重人口素质的提高。

我们要实现现代化，必须把实行计划生育，控制人口增长，提高人口素质作为长期坚持的基本国策，作为政府实行宏观调控的一项重要职能，否则就会影响经济的稳定增长和持续发展。因此，必须对人口问题实行国家宏观调控，把人口发展计划确立为国家宏观调控的目标。

我国在确定社会发展的战略目标时，强调社会发展要以实现人的全面发展为中心。这是因为，无论是科技、教育、文化、卫生、体育，还是劳动就业、社会保障、扶贫济困、改善人民生活、实行环境保护，无一不受人口过多、人口素质不高的影响和制约，无一不和计划生育工作紧密相连，在制定社会发展的总体规划、主要任务和基本政策时，人口始终是影响社会发展全局的一个重要因素。同时，实行计划生育又是一场移风易俗、改变落后观念的思想革命，是社会文明进步的重要标志。在人口和计划生育工作中，转变人们的婚育观念需要经过一个长期的过程，这种思想观念的转变远比完成人口计划深刻得多、艰巨得多。在计划生育工作中，人民群众是计划生育的主人，我们要全心全意为广大群众服务，不断提高群众的生活质量，提供计划生育优质服务，帮助广大群众正确行使自己的生育权利和义务。控制人口数量，提高人口素质，改善人口结构，本身就是社会发展领域的首要任务。因此，人口和计划生育工作在社会发展领域中，不仅起着减轻社会发展压力的作用，而且也是社会主义精神文明建设的一个重要组成部分，有利于促进社会全面进步，提高社会文明程度。

第二章　农村计划生育工作的任务、职责、要求

农村计划生育工作有哪些职责

1. 认真贯彻执行国家和上级主管部门有关计划生育的方针、政策、法规和文件精神，结合单位实际，制定具体的管理办法并组织实施。

2. 负责编制、调整和上报一、二胎人口生育计划。

3. 经常向育龄人群和流动人口进行人口理论、计划生育政策、三优知识和避孕节育知识的宣传和教育工作。

4. 健全各种账、卡、册等基础资料，真正做到底数清、情况明。

5. 负责抓好育龄妇女的计划生育管理。及时掌握育龄妇女的结婚、怀孕、生育、落实节育措施和调动情况。

6. 积极做好对育龄人群的优质服务工作，定期领发避孕药具，落实育龄妇女避孕节育的“知情选择”和孕检、生殖健康查体工作。督促育龄妇女及时落实长效节育措施。

7. 按照《计划生育技术服务管理条例（修订）》（以下简称《条例》）要求，做好计划内二胎申报工作。对违反计划生育政策的公民、家属有权督促有关部门给予经济处罚和行政处分。

8. 按时完成计划生育各项统计报表的摸底填写、汇总上报工作。

9. 做好流动人口计生管理、宣教和服务工作，对流动人口的婚、孕、育及节育措施情况进行监督、检查和落实。

10. 接受人口和计划生育工作管理目标责任所规定的内容检查、考核标准等验收工作。负责对基层队级计划生育工作的指导和管理。

11. 积极协调有关人员加强计划生育工作的综合治理，实行齐抓共管。

乡（镇）人民政府、街道办事处在计划生育工作中承担什么职责

1. 对申请生育第二个孩子和领取《独生子女证》的对象审核，并出具有关证明。

2. 对本地区违反《条例》的单位和个人进行处理。

3. 做好人口与计划生育行政应诉工作。

4. 督促本地区单位和个人遵守国家和本市的人口与计划生育法律、法规、规章和政策。

5. 负责本地区人口与计划生育政策法规信访。

村民委员会应做好哪些工作

1. 对申请生育第二个孩子和领取《独生子女证》的对象进行初审，并出具有关证明；

2. 提供无计划生育者年经济收入等证明材料；

3. 协助乡（镇）人民政府、街道办事处和区（县）计划生育委员会对无计划生育者执行处理决定。

计划生育技术服务站有什么职责

1. 计划生育技术指导、咨询、随访及相关的临床医疗服务。

2. 避孕和节育的医学检查。

3. 计划生育手术并发症和计划生育药具不良反映的诊断、治疗。

4. 实施置、取宫内节育器等避孕、节育手术。

5. 开展围绕生育、节育、不育的其他生殖保健项目。

6. 提供避孕药具及相关的指导、咨询、随访服务。

7. 对已经施行避孕、节育手术的，提供相关的咨询、随访服务。

村级计划生育工作包括哪些内容

1. 抓生育政策的落实。认真贯彻执行计划生育的政策法规，落实上级下达的各项任务。

2. 做好宣传教育工作。向广大村民宣传计划生育政策、法规；宣传人口与计划生育基础知识，包括人口理论、人口国情教育、避孕节育、优生优育、生殖健康、性科学知识；转变村民的婚育观念，使其自觉自愿地实行晚婚晚育，落实节育措施。

3. 技术服务。为村民提供节育技术服务，按时发放避孕药具；协助乡镇计划生育服务所做好查环、查孕；做好术后随访慰问工作。

4. 做好统计工作。及时、准确地统计上报本村人口结婚、怀孕、生育、采取措施情况和流动人口计划生育情况；做好统计资料档案管理工作。

此外，还要为村民提供生产、生活、生育方面的服务，关心群众，做育龄群众的贴心人。

村计生办主任的工作职责是什么

村计生办主任在村党支部和村委会以及计划生育领导小组领导下，具体负责本村计划生育的日常工作。

1. 具体落实上级和村计划生育领导小组制定的措施和下达的任务。

2. 指导育龄妇女小组长开展工作。

3. 组织本村的计划生育宣传教育活动和已婚育龄妇女定期查环、查孕、查病工作。

4. 了解本村育龄人群的结婚、怀孕、生育和避孕节育情况。向村民宣传晚婚、晚育和计划生育，动员对象落实节育措施，做好术后随访和慰问工作。

5. 及时反映村民对计划生育工作的意见和建议，帮助村民解决生产、生活、生育方面的困难。

6. 及时、如实上报有关表册、数据。

7. 依照国家有关规定为申请结婚、生育、流出、流入的人员办理、出具有关证明，并做好对这些人员的管理和服务工作。

8. 做好对居住在本村的流动人口的计划生育管理和服务工作。

9. 做好计划生育档案管理工作，保证表、卡、册准确无误，对计划生育资料进行归档和保管。

育龄妇女小组长的职责是什么

育龄妇女小组长直接面对群众，生活、工作在群众当中，最了解群众的基本情况，其工作职责主要有：

1. 协助、配合村计生专干做好本村计划生育工作。

2. 了解本组育龄夫妇的婚育、避孕节育情况，并及时向上汇报。

3. 做好本小组成员的思想工作，说服动员其晚婚、晚育、计划生育、落实节育措施。

4. 组织本组成员学习人口与计划生育知识、有关政策和避孕节育知识。

5. 及时向上反映村民对计划生育工作的意见和建议。

6. 帮助村民解决生产、生活、生育中的困难。

计划生育工作的职业道德是什么

1. 政治坚定，忠于国策。努力学习马克思列宁主义、毛泽东思想、邓小平理论和“三个代表”重要思想，树立共产主义理想信念和人口和计划生育职业理想信念，坚持马克思主义人口理论和党的基本路线、基本纲领，坚定不移地贯彻执行党和国家的人口和计划生育方针、政策，在思想上、政治上和行动上与党中央保持高度一致。热爱祖国，热爱社会主义，热爱人口和计划生育事业，忠于国家，忠于宪法，忠于计划生育基本国策和《人口与计划生育法》，自觉维护人口和计划生育工作荣誉、形象和权威，保证国家政令畅通。自觉遵守计划生育外事纪律，维护国格、人格尊严，严守国家秘密，坚决同一切诽谤、诋毁、破坏国家人口和计划生育政策的言行作斗争。

2. 勤政为民，优质服务。热爱人民，忠于人民，忠于职守，爱岗敬业，勤奋工作，钻研业务，讲求方法，提高效率。一切从人民群众利益出发，全心全意为育龄群众服务，做育龄群众的知心人、贴心人，争做新时期最可爱的人。坚持以人为本，以促进人的全面发展为中心，自觉寓管理于服务之中，努力为育龄群众提供计划生育优质服务，不断满足育龄群众日益增长的生殖保健及心理健康需求。认真落实对实行计划生育的家庭尤其是独生子女家庭的奖励优惠政策，积极帮助实行计划生育的育龄群众发展生产、改善生活，建立科学文明的生活方式和幸福文明家庭，使实行计划生育的家庭真正得到实惠。

3. 依法行政、廉洁从政。自觉遵守《人口和计划生育法》等国家法律、法规和规章，严格按法定的职权和工作程序履行职责、执行公务，做到有法必依、执法必严、违法必究。坚持公正执法、文明执法，不失职渎职，不滥用权力，不以权代法，认真维护育龄群众的合法权益。自觉抵制拜金主义、享乐主义和极端个人主义的侵蚀，严格执行廉洁从政各项规定，淡泊名利，艰苦奋斗，克己奉公，秉公办事，一视同仁，平等待人，不以权谋私，不贪赃枉法，不厚亲薄疏。

4. 求真务实，开拓创新。尊重科学，尊重实际，坚持真理，修正错误，如实反映人口和计划生育工作成绩和统计数据，按客观规律制定和完成人口计划。诚实守信，务实为民，说实话、办实事、求实效，不徇私舞弊，不弄虚作假。坚持理论联系实际，解放思想、实事求是、与日俱进，勤于思考、勇于探索、敢于创新，创造性地做好各项工作。

5. 团结协作，品行端正。讲学习、讲政治、讲正气，讲大局、讲团结、讲协作。坚持民主集中制，不独断专行，不搞自由主义，勇于批评与自我批评。认真执行上级的决定和命令，服从大局，善于协调，相互配合，相互支持，团结一致，齐心协力做好工作。学习先进，助人为乐，谦虚谨慎，言行一致，健康向上。举止端庄，仪表整洁，语言文明。

开展“争做新时期最可爱的人”活动的重要意义集中体现在哪几个方面

1. 是计划生育系统争优创先，树立新时期计划生育工作者良好形象的需要。

2. 是落实中央决定，推动计划生育工作深入发展的需要。

3. 是建设一支高素质的计划生育工作队伍的需要。

4. 是在计划生育系统继续深入贯彻落实“三个代表”重要思想的需要。

计划生育工作人员必备的素质有哪些

1. 热爱计划生育事业，对人口控制任务有很强的事业心和责任感。

2. 身体好，对工作有干劲，始终保持旺盛的开拓精神。

3. 德才兼备。

国家人口与计划生育委员会提出的“三步走”目标是什么

第一步是“十五”期间，生育水平稳定在更替水平以下，人口年均增长率不超过9‰。到2005年末，全国总人口（不含香港、澳门特别行政区和台湾省）控制在13.3亿以内；大力提倡优生优育，明显降低出生缺陷发生率，出生性别比升高的势头得到有效控制；大力开展以技术服务为重点的计划生育/生殖健康优质服务，初步实现计划生育工作思路和工作方法的“两个转变”。

第二步是到2010年，全国总人口控制在14亿以内，年均人口出生率不超过15‰；出生人口素质明显提高；出生婴儿性别比趋向正常；育龄群众享有基本的生殖保健服务，普遍开展避孕节育措施的“知情选择”；初步形成新的婚育观念和生育文化；逐步建立调控有力、管理有效、政策法规完善完备的计划生育保障体系和工作机制。

第三步是到2020年，全国总人口控制在15亿以内，出生人口素质显著提高，基本解决出生婴儿性别比偏高的问题；育龄群众享有更加优质的计划生育/生殖健康服务，全面实现避孕节育措施的“知情选择”；在全社会形成科学文明的婚育观念和生育文化，使计划生育真正成为群众的自觉行为；建立健全完备的人口与计划生育政策法律体系、完善的有利于计划生育的社会保障制度和高效的工作运行机制。

计划生育药具发放人员岗位职责

乡（镇、街）药具发放人员岗位职责：

1. 负责药具的保管、发放工作。

2. 指导村（社区）做好药具的统计报表、咨询服务、质量监测、健康体检及随访工作。

3. 宣传药具知识，定期培训村（社区）药具发放人员。

4. 收集整理药具使用情况的相关信息。

村（社区）药具发放人员岗位职责：

1. 负责药具的保管、发放工作。
2. 对使用药具人员定期随访，做好记录。
3. 定期培训育龄群众，讲解药具知识。
4. 及时收集反映药具信息。

第三章 计划生育基本法规

计划生育工作有哪些法律依据

《中华人民共和国人口与计划生育法》

《中华人民共和国母婴保健法》

《计划生育技术服务管理条例（修订）》

《社会抚养费征收管理办法》

《流动人口计划生育工作管理办法》

《中华人民共和国母婴保健法实施办法》

《计划生育统计工作管理办法》

《计划生育系统统计调查管理办法》

《计划生育技术服务机构执业管理办法》

《计划生育技术服务管理条例实施细则》

《病残儿医学鉴定管理办法》

《关于禁止非医学需要的胎儿性别鉴定和选择性别的人工终止妊娠的规定》

《流动人口计划生育管理和服务工作若干规定》

各地政府颁布的计生法规、政策等

公民在计划生育方面享有哪些权利

公民实行计划生育的权利，是指公民因实行计划生育而享有的各项权利的总称。多年来，我国立法机关和行政机关十分重视保护公民的计划生育权利，在许多法律、行政法规、地方性法规中，都规定了公民实行计划生育的权利保护条款。而且，近年来我国政府签署了很多重要国际人权条约，对包括计划生育权利在内的公民权利作出了庄严承诺。根据我国法律、国情以及地方政府加强计划生育管理和服务的实际需要，可归纳出我国公民实行计划生育的权利主要有以下几项：

1. 生育权。即依照法律、法规规定条件决定生育时间、生育子女数量的权利。公民在行使生育权利时，必须考虑自己应当承担的社会责任以及现有子女和未来子女的物质和精神需要。公民的生育权不受任何公民、法人和其他组织的非法限制和剥夺。

2. 依法收养和送养子女权。根据《收养法》，符合收养条件的公民有依法收养子女的权利，公民在有特殊困难无力抚养子女等条件下有依法送养子女的权利。收养孤儿、残疾儿童和社会福利机构抚养的查找不到生父母的弃婴和儿童时，不受收养人无子女和收养1名的限制。

3. 避孕节育措施知情选择权。公民有权获得充分的教育和信息，选择安全、有效、适宜的避孕节育措施。从事计划生育技术服务的机构施行避孕节育手术、特殊检查或者特殊治疗，应当保障受术者的安全。

4. 获得保健和避孕节育服务权。国家保障公民获得适宜的计划生育技术服务的权利，有关部门应当提供安全、有效的避孕药具和技术。国家向育龄夫妻免费提供避孕、节育技术服务。医疗保健机构应当为公民提供婚前保健服务。实行计划生育的育龄夫妻免费享受国家规定的基本项目的计划生育技术服务。

免费技术服务项目一般包括：避孕药具、放置或取出宫内节育器及技术常规所规定的各项医学检查，人工终止妊娠术及技术常规所规定的各项医学检查，绝育手术及技术常规所规定的各项医学检查，计划生育手术并发症诊治等。

5. 获得计划生育奖励权。国家对实行计划生育的公民给予奖励。如，公民晚婚晚育，可以获得延长婚假、生育假的奖励或者其他福利待遇。领取《独生子女父母光荣证》的公民按照国家和地方的有关规定享受计划生育奖励待遇等。

6. 优先获得社会保障权。国家建立、健全基本养老保险、基本医疗保险、生育保险和社会福利等社会保障制度，促进计划生育。对农村实行计划生育的家庭发展经济给予资金、技术培训等方面的支持、优惠。对实行计划生育的贫困家庭在扶贫贷款、以工代赈、扶贫项目和社会救济等方面给予优先照顾。

妇女在计划生育方面享有哪些特殊权利

妇女除享有男女公民共同享有的上述各项计划生育权利外，还单独享有《妇女权益保障法》、《母婴保健法》、《劳动法》和国务院发布的《女职工劳动保护规定》等法律、法规规定的下列与计划生育相关的权利：

1. 孕产期和哺乳期受特殊保护的权利，主要包括下列四个方面：

（1）孕产期和哺乳期不被解雇权。女职工在孕期、产期、哺乳期内，除下列4种情形外，用人单位不得解除劳动合同：①在试用期间被证明不符合录用条件；②严重违反劳动纪律或者用人单位规章制度；③严重失职、营私舞弊，对用人单位利益造成重大损害；④被依法追究刑事责任。

（2）产期休假权。女职工生育享受不少于90天的产假，其中产前休假15天；难产的增加产假15天；多胞胎生育的，每多生育一个婴儿，增加产假15天。晚育的，增加产假两个月。

（3）劳动时间哺乳权。有不满1周岁婴儿的女职工，其所在单位应当在每班劳动时间内给予其两次哺乳（含人工喂养）时间，每次30分钟；多胞胎生育的，每多哺乳一个婴儿，每次哺乳时间增加30分钟。女职工每班劳动时间内的两次哺乳时间可以合并使用。哺乳时间和本单位内哺乳往返途中的时间，算作劳动时间。

（4）受特殊劳动保护权。不得安排正在怀孕或者正在哺乳未满1周岁婴儿的女职工从事国家规定的第3级体力劳动强度的劳动和孕期或者哺乳期禁忌从事的其他劳动。对已怀孕7个月以上或者正在哺乳未满1周岁婴儿的女职工，不得安排其延长工作时间或者夜班劳动。

2. 享受生育社会保险待遇的权利。女职工的生育保险费用实行社会统筹，由企业按期缴纳，女职工个人不缴纳。女职工生育的下列费用由生育保险基金支付：（1）产假期间的生育津贴（按照本企业上年度职工月平均工资计发）；（2）生育的检查费、接生费、手术费、住院费和药费；（3）生育出院后因生育引起的疾病的医疗费。

3. 孕产期和哺乳期医疗保健的权利。孕产期和哺乳期妇女有权获得医疗保健机构提供的母婴保健指导和孕妇、产妇、胎儿、新生儿保健服务。

4. 孕产期和哺乳期不离婚的权利。女方在怀孕期间、分娩后1年内和按照计划生育的要求施行终止妊娠手术后6个月内，除人民法院认为确有必要受理男方的离婚请求外，有拒绝与男方离婚的权利。

5. 丧失生育能力后离婚时优先抚养子女的权利。离婚时，妇女因实施绝育手术或者其他原因丧失生育能力的，处理子女抚养问题，应当在有利于子女权益的条件下，照顾女方的合理要求。

公民实行计划生育的义务有哪些

公民实行计划生育的义务，是指公民依法应当承担的设计计划生育的全部义务。

根据有关法律、法规的规定，我国公民应当承担的计划生育义务主要包括：

1. 按照法律、法规规定条件依法规范生育行为的义务。公民应当依照人口与计划生育法律、法规规定的条件负责任地决定自己生育子女的数量，在行使依法生育的权利的同时，切实履行法定的计划生育义务。

2. 夫妻双方共同承担实行计划生育的义务。夫妻双方应当自觉执行计划生育法律、法规，主动落实避孕节育措施。在当前，应当鼓励男性积极参与计划生育，主动承担避孕节育措施的落实。

3. 自觉落实避孕节育措施、接受计划生育技术服务指导的义务。公民应当按照计划生育技术服务机构及其人员提供的指导，自觉落实安全、有效、适宜的避孕节育措施，预防和减少非意愿妊娠；非意愿妊娠的，应当自觉采取终止妊娠的补救措施。

4. 违反法律、法规规定条件生育子女的公民，有依法缴纳社会抚养费的义务。

5. 协助政府开展人口与计划生育工作的义务。

6. 法律、法规规定的其他义务。

国家推行计划生育的措施有哪些

1. 法律措施，即通过制定人口与计划生育法律、法规、规章和规范性文件，以规范公民的生育行为，调节公民生育子女的数量。

2. 行政措施，即通过建立制定人口与计划生育行政管理机制和制度，保证计划生育工作的开展。如，建立计划生育管理网络，实行人口和计划生育工作党政“一把手”负责制、人口与计划生育工作目标管理责任制、法定代表人负责制等。

3. 经济措施，即运用经济利益导向，引导公民节制生育。如对实行计划生育的公民给予奖励优待，对违法生育的公民征收社会抚养费等。

4. 技术措施，即通过建立计划生育技术服务网络，提供优质计划生育技术服务，保障和方便公民避孕节育。

《人口与计划生育法》对避孕有哪些规定

《人口与计划生育法》规定：实行计划生育，以避孕为主。国家创造条件，保障公民知情选择安全、有效、适宜的避孕节育措施。实施避孕节育手术，应当保证受术者的安全。

育龄夫妻应当自觉落实计划生育避孕节育措施，接受计划生育技术服务指导。预防和减少非意愿妊娠。实行计划生育的育龄夫妻免费享受国家规定的基本项目的计划生育技术服务。前款规定所需经费，按照国家有关规定列入财政预算或者由社会保险予以保障。对已生育子女的夫妻，提倡选择长效避孕措施。

《人口与计划生育法》是如何规定生育政策的

本法根据当前我国的基本国情，从人口与经济、社会、资源、环境协调发展和可持续发展的需要出发，在法律上确定了我国现行的生育政策。

1. 国家鼓励公民晚婚晚育。晚婚，是指男女青年超过法定婚龄（《婚姻法》规定的法定婚龄为男22周岁，女20周岁）3年以上初次结婚为晚婚；晚育，就是指已婚公民达到晚婚年龄后初次生育子女。

2. 提倡一对夫妻生育一个子女。公民应当依法结婚后再生育子女。提倡一对夫妻生育一个孩子，不等于只能生育一个孩子。

3. 符合法律、法规规定条件的，可以要求安排生育第二个子女。具体办法由省、自治区、直辖市人民代表大会或者其常务委员会规定。符合法律、法规规定条件的主要指地方计划生育立法中关于再生育子女的条件规定，包括生育数量与生育间隔两个方面。

4. 少数民族也要实行计划生育，具体办法由省、自治区、直辖市人民代表大会或者其常务委员会规定。各地可以根据各少数民族人口发展的实际情况，遵循中央对少数民族和少数民族地区发展政策的精神，从当地社会经济发展的客观需要以及人口与经济协调发展目标来考虑，制定具体的少数民族生育政策。

农村计划生育村民自治包括哪些内容

计划生育村民自治是指村民委员会在党和政府的领导下根据国家计划生育政策和有关法律、法规的规定动员和组织群众制定计划生育自治章程和村规民约，实施计划生育民主决策、民主选举、民主管理和民主监督，实行村务公开；鼓励群众自觉实行计划生育，维护群众合法权益，增进群众身心健康。同时，发挥基层计划生育协会的作用，实行群众自我教育自我管理和自我服务。

什么是计划生育技术服务

计划生育技术服务，是指通过普及科学知识并采取手术、药物、工具、仪器、信息等手段，有目的地调节人的生育行为，并围绕生育、节育、不育开展相关的生殖保健服务。《计划生育技术服务管理条例（修订）》规定：计划生育技术服务包括计划生育技术指导、咨询以及与计划生育有关的临床医疗服务。

计划生育技术指导、咨询包括下列内容：(1) 避孕节育与降低出生缺陷发生风险及其他生殖健康的科普宣传、指导和咨询；(2) 提供避孕药具，对服务对象进行相关的指导、咨询、随访；(3) 对施行避孕、节育手术和输卵（精）管复通手术的，在手术前、后提供相关的指导、咨询和随访。

与计划生育有关的临床医疗服务包括下列内容：(1) 避孕和节育的医学检查，主要指按照避孕、节育技术常规，为了排除禁忌证、掌握适应证而进行的术前健康检查以及术后康复和保证避孕安全、有效所需要的检查；(2) 各种计划生育手术并发症和计划生育药具不良反应的诊断、鉴定和治疗；(3) 施行各种避孕、节育手术和输卵（精）管复通术等恢复生育力的手术以及与施行手术相关的临床医学诊断和治疗；(4) 根据国家计划生育委员会和卫生部共同制定的有关规定，开展围绕生育、节育、不育的其他生殖保健服务；(5) 病残儿医学鉴定中必要的检查、观察、诊断、治疗活动。

计划生育技术服务的原则是什么

《计划生育技术服务管理条例（修订）》第三条规定：计划生育技术服务实行国家指导和个人自愿相结合的原则。公民享有避孕方法的知情选择权。国家保障公民获得适宜的计划生育技术服务的权利。

国家向农村实行计划生育的育龄夫妻免费提供避孕、节育技术服务，所需经费由地方财政予以保障，中央财政对西部困难地区给予适当补助。

向公民提供的计划生育技术服务和药具应当安全、有效，符合国家规定的质量技术标准。

《条例》第八条规定：县级以上城市从事计划生育技术服务的机构可以在批准的范围内开展下列与计划生育有关的临床医疗服务：（一）避孕和节育的医学检查；（二）计划生育手术并发症和计划生育药具不良反应的诊断、治疗；（三）施行避孕、节育手术和输卵（精）管复通手术；（四）开展围绕生育、节育、不育的其他生殖保健项目。具体项目由国务院计划生育行政部门、卫生行政部门共同规定。

《条例》第九条规定：乡级计划生育技术服务机构可以在批准的范围内开展下列计划生育技术服务项目：（一）放置宫内节育器；（二）取出宫内节育器；（三）输卵（精）管结扎术；（四）早期人工终止妊娠术。

计划生育技术服务的费用如何解决

《计划生育技术服务管理条例实施细则》第五条规定：向农村实行计划生育的育龄夫妻免费提供避孕、节育技术服务所需经费，由各级财政设立专项经费予以保障，具体结算标准和结算形式由各省、自治区、直辖市人民政府制定。

国家向城镇实行计划生育的育龄夫妻免费发放避孕药具。城市实行计划生育的育龄夫妻接受避孕、节育技术服务的，其费用解决途径为：参加生育保险、医疗保险和其它相关社会保险的，由社会保险基金统筹支付；未参加上述保险的公民，由所在单位或地方财政负担。具体办法由县级以上地方人民政府制定。

对西部困难地区免费提供避孕节育技术服务所需经费，由中央财政给予适当补助。

从事计划生育技术服务的机构包括哪些

从事计划生育技术服务的机构包括计划生育技术服务机构和从事计划生育技术服务的医疗、保健机构。

计划生育技术服务机构，是指依照条例规定取得执业许可、隶属同级计划生育行政部门、具有医疗保健性质、从事计划生育技术服务的非营利的公益性全额拨款事业单位。各级计划生育技术服务机构的事业经费由各级财政予以保障。

从事计划生育技术服务的医疗、保健机构是指已持有《医疗机构执业许可证》，又依照条例规定设有计划生育技术服务科（室），并取得计划生育技术服务项目执业许可的医疗、保健单位。

计划生育技术服务机构有哪些职责

《中华人民共和国人口与计划生育法》第三十三条规定：计划生育技术服务机构和从事计划生育技术服务的医疗、保健机构应当在各自的职责范围内，针对育龄人群开展人口与计划生育基础知识宣传教育，对已婚育龄妇女开展孕情检查、随访服务工作，承担计划生育、生殖保健的咨询、指导和技术服务。

《计划生育技术服务管理条例（修订)》第十七条规定：从事计划生育技术服务的机构施行避孕、节育手术、特殊检查或者特殊治疗时，应当征得受术者本人同意，并保证受术者的安全。

《计划生育技术服务管理条例》对计划生育技术服务人员提出了哪些要求

《条例》规定从事与计划生育有关的临床服务人员必须满足以下条件：（1）应当依照《执业医师法》和国家有关护士管理的规定，分别取得执业医师、执业助理医师、乡村医生或者护士的资格；（2）在依照《条例》设立的机构中执业；（3）按照批准的服务范围、服务项目、手术术种开展服务；（4）遵守与执业有关的法律、法规、规章、技术常规、职业道德和管理制度。

如何对计划生育技术服务进行监督管理

《计划生育技术服务管理条例》明确规定，国务院计划生育行政部门，负责全国计划生育技术服务的管理和监督。国务院卫生行政等有关部门在各自的职责范围内，配合计划生育行政部门做好计划生育技术服务工作。

县级以上地方计划生育行政部门，负责本行政区域内计划生育技术服务的监督管理工作，并对所辖行政区域内计划生育技术服务工作定期检查。

县级以上卫生行政部门依据《条例》的规定，负责对从事计划生育技术服务的医疗、保健机构的监督管理工作。

什么是计划生育奖励

《人口与计划生育法》规定：国家对在人口与计划生育工作中作出显著成绩的组织和个人，给予奖励；对实行计划生育的夫妻，按照规定给予奖励。

计划生育奖励，是指机关、企事业单位、团体为了鼓励在计划生育方面作出显著成绩的单位或个人，而给予其荣誉或财物等，包括精神奖励和物质奖励两种类型。奖励对象包括实行计划生育的夫妻和在计划生育工作中作出显著成绩的组织和个人。

《人口与计划生育法》对于实行计划生育的夫妻有什么奖励规定

《人口与计划生育法》第二十三条、第二十五条、第二十六条、第二十七条、第二十八条，从不同的方面对实行计划生育的夫妻、家庭规定了相关的奖励政策。具体内容如下：

1. 公民晚婚晚育的奖励。公民晚婚晚育，可以获得延长婚假、生育假的奖励或者其他福利待遇，主要是指晚婚晚育的公民可以在享受国家规定的基本婚假、生育假基础上，延长婚假、生育假或者其他福利的奖励，具体天数和福利待遇还要由各地根据情况制定。

2. 公民生育和实行计划生育手术享受的待遇和奖励。妇女怀孕、生育和哺乳期间，应按照国家有关规定享受特殊劳动保护并可以获得帮助和补偿。公民实行计划生育手术，享受国家规定的休假；地方人民政府可以给予奖励。公民实行计划生育手术，享受国家规定的休假，主要是指按照卫生部、国家计划生育委员会《节育手术常规》（第三版）中的各种节育手术后假期的建议休假。据此，放置宫内节育器休2天；取宫内节育器休1天；输精管绝育术休7天；单纯输卵管绝育术休21天等。各地在此基础上还提出了符合本地、本单位实际的休假天数。

3. 对独生子女父母的奖励。对领取《独生子女父母光荣证》的夫妻，可获得独生子女父母奖励费；增加产假和护理假；其独生子女优先入托、入学、就医；优先分配住房、安排宅基地、承包土地；优先安排就业以及养老等方面给予照顾。对终身只生育一个子女的夫妻的奖励措施应由其所在单位执行并落实。独生子女意外伤残、死亡，其父母不再生育和收养的，地方人民政府应当给予必要的帮助，采取多种形式提供帮助。如，增加一定数额的退休金，一次性补助，享受五保待遇，或将其纳人社会保险、社会救济等。

4. 对农村实行计划生育的家庭给予优先优惠待遇。把计划生育与发展经济、扶贫开发等结合起来，针对农村的实际情况，在政策、项目、资金、技术等方面向实行计划生育的农户倾斜。在发展经济时，给予资金、技术、培训等方面的支持、优惠；尤其对实行计划生育的贫困家庭，扶贫贷款、以工代赈、扶贫项目和社会救济等方面给予优先照顾。

此外，还有很多地方和单位根据计划生育地方性法规的精神，结合当地经济发展状况，另外规定了一些计划生育奖励措施。

国家对农村实行计划生育的家庭应给予哪些奖励和优先优惠政策

《人口与计划生育法》规定：获得《独生子女父母光荣证》的夫妻，按照国家和省、自治区、直辖市有关规定享受独生子女父母奖励。

独生子女发生意外伤残、死亡，其父母不再生育和收养子女的，地方人民政府应当给予必要的帮助。

地方各级人民政府对农村实行计划生育的家庭发展经济，给予资金、技术、培训等方面的优惠；对实行计划生育的贫困家庭，在扶贫贷款、以工代赈、扶贫项目和社会救济等方面给予优先照顾。

《人口与计划生育法》对社会保障制度有哪些规定

《人口与计划生育法》第二十四条规定：国家建立、健全基本养老保险、基本医疗保险、生育保险和社会福利等社会保障制度，促进计划生育。国家鼓励保险公司举办有利于计划生育的保险项目。有条件的地方可以根据政府引导、农民自愿的原则，在农村实行多种形式的养老保障办法。

社会保障制度，是指国家为公民提供一系列的基本生活保障，是以国家或者政府为主体，依据法律规定，通过国民收入再分配，使得公民在暂时或者永久丧失劳动能力以及由于各种原因生活发生困难时，从国家和社会获得物质帮助的一种社会制度。计划生育社会保障体系是为解除计划生育家庭的后顾之忧而建立的各种社会保障制度和措施，包括计划生育社会保险、社会福利和社会救助制度等。我国的计划生育保障体系包括生育社会保障和老年社会保障等。如，在城市建立的基本养老保险、基本医疗保险、生育保险和社会福利等社会保障制度；在农村建立的实行计划生育的独生子女户和两女户的养老保障制度；民政部门制定的有利于计划生育家庭的社会救助政策，对于实行计划生育的贫困户给予生活保障补助等。

计划生育保障体系的建设为公民实行计划生育提供了可靠的物质基础和保障，保证计划生育政策顺利实施。

村民委员会、居民委员会依法做好计划生育工作的内容是什么

《人口与计划生育法》第十二条规定：村民委员会、居民委员会应当依法做好计划生育工作。所谓依法，就是依据有关法律、法规和规章，履行职责，做好计划生育工作。即通过宣传群众、组织群众，用群众自我教育、自我管理。自我服务、自我监督的形式，开展计划生育工作。在现行计划生育管理工作中，村民委员会、居民委员会依法做好计划生育工作的内容一般包括：

1. 向辖区内所属人员宣传人口与计划生育的法律、法规、政策，普及人口与计划生育科学知识；
2. 及时向人民政府计划生育部门或工作机构通告所辖区域、所属人员人口与计划生育工作情况、信息；
3. 维护实行计划生育公民的合法权益，督促落实法律、法规规定的奖励与优待的规定；
4. 组织村（居）民参与人口与计划生育实施方案；
5. 对政府和计划生育行政机关开展计划生育工作实施监督。

《人口与计划生育法》对打击破坏计划生育管理秩序的违法或犯罪行为作了哪些具体规定

第三十六条规定：违反本法规定，有下列行为之一的，由计划生育行政部门或者卫生行政部门依据职权责令改正，给予警告，没收违法所得；违法所得一万元以上的，处违法所得二倍以上六倍以下的罚款；没有违法所得或者违法所得不足一万元的，处一万元以上三万元以下的罚款；情节严重的，由原发证机关吊销执业证书；

构成犯罪的，依法追究刑事责任：

（一）非法为他人施行计划生育手术的。

（二）利用超声技术和其他技术手段为他人进行非医学需要的胎儿性别鉴定或者选择性别的人工终止妊娠的。

（三）实施假节育手术、进行假医学鉴定、出具假计划生育证明的。

第三十七条规定：伪造、变造、买卖计划生育证明，由计划生育行政部门没收违法所得，违法所得五千元以上的，处违法所得二倍以上十倍以下的罚款；没有违法所得或者违法所得不足五千元的，处五千元以上二万元以下的罚款；构成犯罪的，依法追究刑事责任。

以不正当手段取得计划生育证明的，由计划生育行政部门取消其计划生育证明；出具证明的单位有过错的，对直接负责的主管人员和其他直接责任人员依法给予行政处分。

第四十条　违反本法规定，不履行协助计划生育管理义务的，由有关地方人民政府责令改正，并给予通报批评；对直接负责的主管人员和其他直接责任人员依法给予行政处分。

第四十三条　拒绝、阻碍计划生育行政部门及其工作人员依法执行公务的，由计划生育行政部门给予批评教育并予以制止；构成违反治安管理行为的，依法给予治安管理处罚；构成犯罪的，依法追究刑事责任。

计划生育技术服务人员未能正确履行职责应负什么法律责任

计划生育技术服务人员违章操作或者延误抢救、诊治，造成严重后果的，依照有关法律、行政法规的规定承担相应的法律责任。

违反《人口与计划生育法》生育子女的公民应承担哪些法律责任

不符合《人口与计划生育法》第十八条规定生育子女的公民，应当依法缴纳社会抚养费。

未在规定的期限内足额缴纳应当缴纳的社会抚养费的，自欠缴之日起，按照国家有关规定加收滞纳金；仍不缴纳的，由作出征收决定的计划生育行政部门依法向人民法院申请强制执行。

按照《人口与计划生育法》第四十一条规定缴纳社会抚养费的人员，是国家工作人员的，还应当依法给予行政处分；其他人员还应当由其所在单位或者组织给予纪律处分。

母婴保健技术服务包括哪些事项

母婴保健技术服务主要包括下列事项：(1) 有关母婴保健的科普宣传、教育和咨询；(2) 婚前医学检查；(3) 产前诊断和遗传病诊断；(4) 助产技术；(5) 实施医学上需要的节育手术；(6) 新生儿疾病筛查；(7) 有关生育、节育、不育的其他生殖保健服务。

公民享有母婴保健的知情选择权。国家保障公民获得适宜的母婴保健服务的权利。

什么是婚前保健服务

根据《中华人民共和国母婴保健法》的规定，婚前保健服务是对准备结婚的男女双方在结婚登记前所进行的婚前医学检查、婚前卫生指导和婚前卫生咨询服务工作。它有利于男女双方了解自己的健康状况；有利于未来家庭的美满幸福；有利于优生优育和计划生育。

婚前保健服务包括下列内容：(1) 婚前卫生指导：关于性卫生

知识、生育知识和遗传病知识的教育。婚前卫生指导，包括下列事项：有关性卫生的保健和教育；新婚避孕知识及计划生育指导；受孕前的准备、环境和疾病对后代影响等孕前保健知识；遗传病的基本知识；影响婚育的有关疾病的基本知识；其他生殖健康知识。(2）婚前卫生咨询：对有关婚配、生育保健等问题提供医学意见。(3）婚前医学检查：对准备结婚的男女双方可能患影响结婚和生育的疾病进行医学检查。婚前医学检查包括对下列疾病的检查：严重遗传性疾病；指定传染病；有关精神病。经婚前医学检查，医疗保健机构应当出具婚前医学检查证明。男女双方在结婚登记时，应当持有婚前医学检查证明或者医学鉴定证明。

申请从事婚前医学检查的医疗、保健机构应当具备哪些条件

申请从事婚前医学检查的医疗、保健机构应当具备下列条件：(1）分别设置专用的男、女婚前医学检查室，配备常规检查和专科检查设备；(2）设置婚前生殖健康宣传教育室；(3）具有符合条件的进行男、女婚前医学检查的执业医师。

什么是孕产期保健

孕产期保健是为孕产妇提供的孕期、产期的保健服务。

《母婴保健法》第十四条规定：医疗保健机构应当为育龄妇女和孕产妇提供孕产期保健服务。

孕产期保健服务包括下列内容：(1）母婴保健指导：对孕育健康后代以及严重遗传性疾病和碘缺乏病等地方病的发病原因、治疗和预防方法提供医学意见；(2）孕妇、产妇保健：为孕妇、产妇提供卫生、营养、心理等方面的咨询和指导以及产前定期检查等医疗保健服务；(3）胎儿保健：为胎儿生长发育进行监护，提供咨询和医学指导；(4）新生儿保健：为新生儿生长发育、哺乳和护理提供医疗保健服务。

医疗、保健机构应当为孕产妇提供哪些医疗保健服务

医疗、保健机构应当为孕产妇提供下列医疗保健服务：(1) 为孕产妇建立保健手册（卡），定期进行产前检查；(2) 为孕产妇提供卫生、营养、心理等方面的医学指导与咨询；(3) 对高危孕妇进行重点监护、随访和医疗保健服务；(4) 为孕产妇提供安全分娩技术服务；(5) 定期进行产后访视，指导产妇科学喂养婴儿；(6) 提供避孕咨询指导和技术服务；(7) 对产妇及其家属进行生殖健康教育和科学育儿知识教育；(8) 其他孕产期保健服务。

医疗、保健机构应当提供哪些婴儿保健服务

《母婴保健法实施办法》规定，医疗、保健机构应当按照国家有关规定开展新生儿先天性、遗传性代谢病筛查、诊断、治疗和监测。

医疗、保健机构应当按照规定进行新生儿访视，建立儿童保健手册（卡），定期对其进行健康检查，提供有关预防疾病、合理膳食、促进智力发育等科学知识，做好婴儿多发病、常见病防治等医疗保健服务。

医疗、保健机构应当按照规定的程序和项目对婴儿进行预防接种。婴儿的监护人应当保证婴儿及时接受预防接种。

国家推行母乳喂养。医疗、保健机构应当为实施母乳喂养提供技术指导，为住院分娩的产妇提供必要的母乳喂养条件。

医疗、保健机构不得向孕产妇和婴儿家庭宣传、推荐母乳代用品。

我国法律对胎儿性别鉴定是如何规定的

《人口与计划生育法》第三十五条规定：严禁利用超声技术和

其他技术手段进行非医学需要的胎儿性别鉴定；严禁非医学需要的选择性别的人工终止妊娠。第三十六条规定了利用超声技术和其他技术手段为他人进行非医学需要的胎儿性别鉴定或者选择性别的人工终止妊娠的法律责任。

《计划生育技术服务管理条例（修订)》第十八条规定：任何机构和个人不得进行非医学需要的胎儿性别鉴定或者选择性别的人工终止妊娠。

《母婴保健法》第三十二条规定：严禁采用技术手段对胎儿进行性别鉴定，但医学上确有需要的除外。第三十七条规定：从事母婴保健工作的人员违反本法规定，出具有关虚假医学证明或者进行胎儿性别鉴定的，由医疗保健机构或者卫生行政部门根据情节给予行政处分；情节严重的，依法取消执业资格。

此外，《关于禁止非医学需要的胎儿性别坚定和选择性别的人工终止妊娠的规定》等法规以及地方性法规都规定了禁止非医学需要的胎儿性别鉴定。

因生育病残儿要求再生育要经过哪些程序

《计划生育技术服务管理条例（修订)》第十二条规定：因生育病残儿要求再生育的，应当向县级人民政府计划生育行政部门申请医学鉴定，经县级人民政府计划生育行政部门初审同意后，由设区的市级人民政府计划生育行政部门组织医学专家进行医学鉴定；当事人对医学鉴定有异议的，可以向省、自治区、直辖市人民政府计划生育行政部门申请再鉴定。省、自治区、直辖市人民政府计划生育行政部门组织的医学鉴定为终局鉴定。具体办法由国务院计划生育行政部门会同国务院卫生行政部门制定。

什么是病残儿医学鉴定

病残儿，是指因先天（包括遗传性和非遗传性疾病）或后天患病、意外伤害而致残，目前无法治疗或经系统治疗仍不能成长为正常劳动力的。

病残儿医学鉴定是指病残儿医学鉴定的专门组织，运用现代医学知识、技术和手段，对被鉴定者作出是否为病残及其病残程度的鉴定结论，并根据《病残儿医学鉴定诊断标准及其父母再生育的指导原则》提出相应的指导意见。

如何申请病残儿医学鉴定

凡认为其子女有明显伤残或患有严重疾病，符合法律、法规规定条件，要求安排再生育的，均可申请病残儿医学鉴定。

1. 申请病残儿医学鉴定原则上应向女方单位或女方户籍所在地的村（居）委会提出书面申请，并提交户口簿、有关病史资料及县级以上地方人民政府计划生育行政部门规定的其他资料。

2. 单位或村（居）委会对申请病残儿医学鉴定者的情况进行初步审核，出具书面意见，加盖公章，在接到申请材料之日起20个工作日内报女方户籍所在地的乡（镇、街道）计划生育管理部门。

3. 乡（镇、街道）计划生育管理部门应对申请病残儿医学鉴定者的情况进行再次核实并进行必要的社会和家系调查后，在病残儿医学鉴定申请表上签署意见，加盖公章，并在接到申报材料之日起20个工作日内报县级计划生育行政部门。

4. 县级计划生育行政部门负责审查申请鉴定的材料是否完备和真实可靠，并签署意见，加盖公章，于鉴定日前30个工作日将所有材料上报设区的市级计划生育行政部门。

5. 设区的市级计划生育行政部门根据情况半年或一年组织一次鉴定。

什么是母乳代用品

母乳代用品，系指以婴儿为对象的婴儿配方食品，以及在市场上以婴儿为对象销售的或以其他形式提供的经改制或不经改制适宜于部分或全部代替母乳的其他乳及乳制品、食品和饮料，包括瓶饲辅助食品、奶瓶和奶嘴。

《母乳代用品销售管理办法》对母乳代用品有哪些要求

《母乳代用品销售管理办法》第五条规定：母乳代用品的生产、销售必须符合《中华人民共和国食品卫生法（试行）》、《婴幼儿食品国家标准》、《食品标签通用标准》以及国家有关法律、法规和规章的规定。

《办法》第六条规定：母乳代用品包装标签上，应用醒目的文字标有说明母乳喂养优越性的警句；不得印有婴儿图片，不得使用“人乳化”、“母乳化”或类似的名词。

《母乳代用品销售管理办法》对母乳代用品的销售有哪些禁止性规定

《母乳代用品销售管理办法》规定：

1. 生产者、销售者不得向医疗卫生保健机构、孕妇、婴儿家庭实施下列行为：赠送产品、样品；减价销售产品；以推销为目的，向医疗卫生保健机构有条件地提供设备、资金、资料。

2. 禁止发布母乳代用品广告。

3. 禁止在广播、电影、电视、报纸、杂志、图书、音像制品、电子出版物等传播媒介上进行母乳代用品的宣传，包括播放、刊登有关母乳代用品的报道、文章和图片。

《母乳代用品销售管理办法》对医疗卫生保健机构提出了哪些要求

1. 县以上地方人民政府卫生行政部门及其指定的妇幼保健机构，负责提供关于婴幼儿喂养方面的资料或宣传材料。资料或宣传材料应包括以下内容：a. 母乳喂养的优越性；b. 母乳营养及如何准备和坚持母乳喂养；c. 添加辅助食品的适宜时间和方法；d. 需要时，说明母乳代用品的正确使用方法。

医疗卫生保健机构及其人员应积极宣传母乳喂养的优越性，为孕妇、婴儿母亲和婴儿家庭提供母乳喂养的必要帮助与指导。

2. 医疗卫生保健机构、学术团体不得接受生产者、销售者为推销产品而给予的馈赠和赞助。

3. 医疗卫生保健机构应抵制母乳代用品生产者和销售者在本部门、本单位所做的各种形式的推销宣传。不得在机构内张贴母乳代用品产品的广告或发放有关资料；不得展示、推销和代售产品。

4. 医疗卫生保健机构及其人员不得向孕妇和婴儿家庭宣传母乳代用品，不得将产品提供给孕妇和婴儿母亲。对无法进行母乳喂养的婴儿，应由医生指导其喂养方式。

计划生育工作中流动人口的含义是什么

计划生育工作中的流动人口，指的是现居住地不是户籍所在地，而是在异地从事务工、经商等活动或者以生育为目的的异地居住，可能生育子女的已婚育龄人员。

流动人口计划生育工作的管理主体是什么

《流动人口计划生育工作管理办法》第六条规定：流动人口的计划生育工作由其户籍所在地和现居住地的地方人民政府共同管理，以现居住地管理为主。流动人口现居住地的地方人民政府负责对流动人口计划生育工作的日常管理，并将流动人口计划生育工作纳入当地计划生育管理。流动人口较多的地方应根据需要，设立流动人口计划生育管理机构，配备必要的专（兼）职工作人员。现居住地应将流动人口计划生育工作纳入本地区经常性管理和服务范围，实行与户籍人口同宣传、同服务、同管理。

流动人口计划生育工作坚持什么原则

流动人口计划生育工作应当坚持公平对待、合理引导、完善管理、优质服务的原则，坚持以人为本、管理与服务相结合，保障流动人口依法享有生育权利，依法获得人口和计划生育科普教育、计划生育技术和生殖保健服务，以及法律、法规规定的其他各项权利。

流动人口在计划生育方面享有的权利有哪些

流动人口在计划生育方面享有的权利是：

1. 育龄流动人口持合法相关证件有权要求户籍地相关部门在三个工作日内办理《流动人口婚育证明》；

2. 有权接受人口与计划生育宣传教育；

3. 免费享受国家规定的计划生育技术服务；

4. 享受户籍地独生子女、双女户的有关奖励和保障措施；

5. 流动人口违反计划生育规定在一地受处理，有权拒绝在另一地因同一事实再次受到处理；

6. 育龄流动人口受到行政处罚的，有权依法申请行政复议或者提起行政诉讼。

成年流动人口如何办理婚育证明

《流动人口计划生育工作管理办法》第七条规定：成年流动人口在离开户籍所在地前，应当凭合法的婚姻、身份证件，到当地县级人民政府计划生育行政管理部门或者乡（镇）人民政府、街道办事处办理婚育证明。

婚育证明的内容应当包括：姓名、性别、年龄、婚姻状况、居民身份证号码、生育状况、落实节育措施状况、计划生育奖罚情况等。

第八条规定：成年流动人口到现居住地后，应当向现居住地的乡（镇）人民政府或者街道办事处交验婚育证明。现居住地的乡（镇）人民政府或者街道办事处查验婚育证明后，应当对已婚育龄流动人口予以登记，并告知其接受当地乡（镇）人民政府或者街道办事处的管理；婚育证明不完备的，应当要求补办。

流动人口在计划生育方面承担的义务有哪些

流动人口在计划生育方面应当承担的义务有：

1. 离开户籍地前，已婚育龄流动人口要按照法律法规规定，落实节育措施；

2. 育龄流动人口到达现居住地后应向现居住地的乡（镇）人民政府、街道办事处交验婚育证明；

3. 15 日内向户籍地所在的乡（镇）人民政府、街道办事处告知现居住地址和和计划生育情况；

4. 已婚育龄流动人口要配合现居住地有关部门认真落实避孕节育情况检查；

5. 已婚育龄流动人口节育措施失败的，应配合当地计生部门及时采取补救措施；

6. 违反计划生育法律法规的，有义务按照现居住地的人口与计划生育法规的规定缴纳社会抚养费。

流动人口户籍地乡（镇）人民政府或者街道计划生育工作机构负有哪些职责

1. 为流动人口办理《流动人口婚育证明》（以下简称《婚育证明》）；

2. 对流动人口开展多种形式的人口与计划生育宣传教育；

3. 指导流动人口已婚育龄妇女知情选择安全、有效、适宜的避孕节育措施，适时提供随访服务；

4. 根据本地实际，坚持公民权利与义务相统一的原则，与流出人口已婚育龄妇女签订计划生育合同；

5. 建立与现居住地的经常性联系协调制度，做好流动人口计划生育管理服务的信息沟通和反馈工作；

6. 帮助实行计划生育的流动人口家庭，解决生产、生活、生育方面的实际困难；落实有关法律、法规规定的奖励、优惠政策；

7. 法律、法规及当地县级以上人民政府规定的其他职责。

流动人口现居住地乡（镇）人民政府或者街道计划生育工作机构负有哪些职责

1. 查验流动人口《婚育证明》，督促未办理《婚育证明》的流动人口在规定期限内补办；

2. 建立已婚育龄流动人口登记制度，及时掌握流动人口生育变动信息；

3. 将流动人口计划生育工作纳入城市社区或村（居）民委员会计划生育宣传教育、日常管理服务和统计评估考核；

4. 落实流动人口计划生育综合治理各项制度，按照“谁出租谁负责、谁经营谁负责、谁用工谁负责”的原则，将流动人口计划生育工作纳入社会治安、出租屋管理、物业管理、市场管理和劳动用工等相关管理工作中；

5. 为流动人口已婚育龄妇女提供优质的避孕节育、生殖保健服务，定期开展计划生育和生殖健康检查，及时准确地出具《流动人口避孕节育情况报告单》（以下简称《报告单》），将流动人口在现居住地的结婚、生育状况通报其户籍所在地；

6. 在当地人民政府的统一领导下，将流动人口计划生育工作纳入企业、事业单位法定代表人计划生育工作目标管理责任制；

7. 支持、鼓励和指导流动人口相对集中的社区和用工单位建立流动人口计划生育协会组织，开展计划生育的自我教育、自我管理、自我服务；

8. 法律、法规及当地县级以上人民政府规定的其他职责。

《流动人口计划生育管理和服务工作若干规定》拟定方便流动人口的便民措施有哪些

《流动人口计划生育管理和服务工作若干规定》拟定方便流动人口的便民措施如下：

1. 户籍地逐步开展实行进村（社区）入户办证；

2. 为及时提供服务，现居住地在督促未办理《婚育证明》的流动人口办证的同时，可为其办理临时《婚育证明》；

3. 因婚姻事实迁入城市人员和跨省流动人口拟生育第一个子女并符合一定条件的，可在现居住地办理生育服务手续。

成年流动人口在离开户籍地前为什么要办理《流动人口婚育证明》

要求成年流动人口离开户籍所在地前须办理《流动人口婚育证明》，这一方面是为了户籍所在地掌握所辖行政区域内管理对象的外出信息，做好流动人口应掌握的政策法规、享有权利与义务的宣传指导，并与之建立联系；另一方面，《流动人口婚育证明》是现居住地了解流动人口有关计划生育信息的客观依据。

依据《流动人口婚育证明》，现居住地易于及时了解流动人口的有关计划生育情况，便于有针对性地及时进行管理和提供服务。

离开户籍地人员在什么情况下须办理《流动人口婚育证明》

离开户籍地人员在以下情况下须办理《流动人口婚育证明》：

1. 年龄在18周岁至49周岁之间；

2. 拟在异地居住30日以上；

3. 从事务工、经商等活动（探亲、访友、就医、上学、出差等除外）。

如何建立流动人口户籍地与现居住地的计划生育信息交换和反馈制度

《流动人口计划生育管理和服务工作若干规定》第十三条规定：

（一）国家建立全国流动人口计划生育信息交换平台，负责省际间流动人口计划生育信息的交换；各省（区、市）建立本省内流动人口计划生育信息交换平台，实行省内流动人口计划生育信息交换；

（二）建立有效的双向交流和协调制度。现居住地与户籍地应通过信息交换平台以及其他方法提交、反馈有关信息，重点是流动人口已婚育龄妇女的婚姻、生育、生殖保健服务、避孕节育措施、持证和缴纳社会抚养费等情况。信息交换应准确、有效，并在规定时限内完成；

（三）现居住地与户籍地的县级人口和计划生育部门负责本辖区流动人口计划生育有关信息的收集、反馈及协调工作；

（四）纸质信息反馈应使用国家人口和计划生育委员会统一格式的《流动人口已婚育龄妇女生育信息通报单》和《报告单》。

如何建立和完善流动人口计划生育工作目标考核评估制度

《流动人口计划生育管理和服务工作若干规定》第二十条规定：建立和完善流动人口计划生育工作目标考核评估制度。根据现居住地管理为主的原则和户籍地与现居住地的实际情况，分别制定对人口和计划生育部门以及相关部门的流动人口计划生育工作考核评估办法。

现居住地重点考核评估对流入人口的计划生育宣传教育和技术服务落实情况、综合治理情况以及对流入人口中已婚育龄妇女有关证件的验证情况和通过流动人口信息交换平台提交信息的情况等。

户籍地重点考核评估对流出人口的计划生育宣传教育和避孕节育措施落实情况、奖励措施落实情况以及为流出人口中已婚育龄妇女办理相关证件情况和通过流动人口信息交换平台向现居住地反馈信息情况等。

省级人口和计划生育部门负责省内流动人口计划生育工作的考核评估。国家人口和计划生育委员会负责省际流动人口计划生育工作的考核评估，每年通过信息交换平台和抽查等方式，考核评估流动人口现居住地和户籍地管理与服务工作落实情况。

如何保障流动人口计划生育工作的经费投入

《流动人口计划生育管理和服务工作若干规定》第二十一条规定：各级人口和计划生育部门应当在地方人民政府领导下，协调有关部门，为流动人口计划生育工作提供必需的经费投入，并按下列规定予以保障：

1. 按照“分级管理、分级负担”的原则，将流动人口计划生育管理与服务所需经费纳入同级财政预算，并按照有关规定，采取多种渠道加以解决；

2. 逐步实行国家、省（区、市）内流动人口计划生育技术服务经费和药具经费统一结算制度；

3. 在核定本地区计划生育工作经费时，应包含外来流动人口管理和技术服务等经费，保证与户籍人口人均经费的同等投入水平。

已婚育龄流动人口如何支付节育手术费

已婚育龄流动人口的节育手术费，有用工单位的，由用工单位负担；无用工单位的，先由本人支付，凭其现居住地的乡（镇）人民政府或者街道办事处证明，由本人在其户籍所在地的乡（镇）人民政府或者街道办事处报销。

跨省流动人口在现居住地办理一孩生育服务证件应提交哪些材料

1. 夫妻双方的《居民身份证》；

2. 夫妻双方的《结婚证》；

3.《婚育证明》或户籍地乡（镇）、街道计划生育工作机构为其出具的婚育情况证明；

4. 夫妻双方要求生育第一个子女的申请。

流动人口在办理计划生育有关证明时弄虚作假，导致不符合法律、法规规定的生育行为发生，由当事人承担相应的法律责任。

流动人口在现居住地办理生育服务手续应具备哪些条件？申请再生育由谁审批

拟在现居住地生育第一个子女的婚迁夫妻或跨省流动人口夫妻，只要符合下列条件之一的，即可由现居住地人口和计划生育部门按照现居住地有关规定办理生育服务证件：

1. 男方为现居住地的户籍人口，女方因婚姻事实迁入现居住地或所生子女可随父落户的；

2. 夫妻双方在现居住地共同居住一年以上，有稳定的职业和住所，且具有常住倾向的。

流动人口申请再生育的，依照女方户籍地有关规定办理。

对已婚育龄流动人口中独生子女父母的计划生育奖励应如何实施

《流动人口计划生育工作管理办法》第十五条规定：对已婚育龄流动人口中独生子女的父母的奖励，由其户籍所在地的乡（镇）人民政府或者街道办事处按照本省、自治区、直辖市的有关规定办理。

现居住地应为流动人口提供哪些服务

现居住地应将流动人口计划生育工作纳入本地区经常性管理和服务范围，实行与户籍人口同宣传、同服务、同管理。为流动人口已婚育龄妇女提供优质的避孕节育、生殖保健服务，定期开展计划生育和生殖健康检查。

为男性和女性未婚流动人口提供相应的计划生育宣传教育和咨询服务。

主动协调有关部门、社区，按照地方法规的有关规定，对实行计划生育的流动人口家庭，在就业、就医、子女入托、入学等方面提供优惠服务。

流动人口在现居住地如何获取免费避孕药具和接受生殖健康/计划生育技术服务

流动人口在现居住地如需计划生育/生殖健康宣传品、免费避孕药具，可到用工单位或现居住地计划生育服务机构或社区居（村）委会领取。

流动人口在现居住地如需进行计划生育/生殖健康、女性的孕（环）情及其他妇科病的检查，应到现居住地区、县计划生育技术服务机构接受服务。

违法生育的流动人口如何缴纳社会抚养费

《社会抚养费征收管理办法》第五条规定：不符合人口与计划生育法规定生育子女的流动人口的社会抚养费的征收，按照下列规定办理：

1. 当事人的生育行为发生在其现居住地的，由现居住地县级人民政府计划生育行政部门按照现居住地的征收标准作出征收决定；

2. 当事人的生育行为发生在其户籍所在地的，由户籍所在地县级人民政府计划生育行政部门按照户籍所在地的征收标准作出征收决定；

3. 当事人的生育行为发生时，其现居住地或者户籍所在地县级人民政府计划生育行政部门均未发现的，此后由首先发现其生育行为的县级人民政府计划生育行政部门按照当地的征收标准作出征收决定。

当事人在一地已经被征收社会抚养费的，在另一地不因同一事实再次被征收社会抚养费。

违法生育行为发现地不是户籍所在地的，如何征收社会抚养费

违法生育行为发现地不是其户籍所在地的，发现地人口和计划生育部门在作出征收决定之前，应先向当事人户籍地人口和计划生育部门通报有关情况，协商确定征收事宜，并按下列规定执行：

1. 对确定由现居住地征收的，户籍地人口和计划生育部门应当协助提供当事人实际收入和当地城镇居民年人均可支配收入（农村居民年人均纯收入）的数额；

2. 对确定由户籍地征收的，现居住地人口和计划生育部门应当协助征收；

3. 征收地不能一次性征收完毕的，可委托当事人户籍地或现居住地继续征收；

4. 执行征收或协助征收、受委托征收的社会抚养费，应按照规定上缴国库，并及时向对方通报征收情况。

第四章　计划生育工作制度

什么是计划生育管理

计划生育管理，就是遵循国家确定的人口发展目标和计划生育的方针、政策、法规以及按照人的生育规律，对人口再生产活动所进行的一系列组织和实施活动，也就是对人口再生产活动的全过程进行计划、组织、指挥、协调和控制。

计划生育管理的任务是什么

我国计划生育管理的任务，就是根据社会主义基本经济规律和人口规律的要求，从我国人口与经济、社会发展的实际出发，不断地调整我国人口发展及人们生育意愿与我国经济发展及社会生活之间的相互关系，正确处理计划生育工作中的各种矛盾，为实现我国的人口与计划生育政策提供有利的社会条件，以促进我国社会主义现代化建设事业的发展。

计划生育管理的任务具有多样性的特点，其核心是对人口生产过程的计划管理。其具体任务是：

1. 确定社会主义社会不同发展阶段的人口发展目标。人口发展目标包括人口数量目标、人口质量目标以及人口分布目标等各个方面。人口数量的发展目标包括人口总数和人口总体的各种构成。计划生育管理的任务之一，就是通过对人口的发展目标，并依据这一目标作出人口决策和组织人口决策的实施。

2. 制定和组织执行人口计划。人口计划是人口发展目标和各项人口政策的具体化。人口计划按时间可分为短期的和长期的人口计划。短期人口计划，一般是指年度或五年的人口计划；按地域范围可分为基层人口计划、地区人口计划和全国人口计划。制定各种人口计划是计划生育管理的基础。

3. 运用科学的理论和方法，对人口再生产进行有效控制，促进人口增长与经济、社会的协调发展。计划生育管理实施的方法应当是包括多方面的。如，宣传教育、行政、经济措施、法律、法规，以及现代管理技术的应用等。由于计划生育管理的对象是在一定历史条件下的个人，其思想、生育意愿和生育行为都是受一定的生产力和生产关系性质制约的，因此要取得理想的管理效果，必须综合运用各种管理方法和现代管理技术。

计划生育管理应坚持什么原则

计划生育管理的原则是：

1. 认真贯彻执行党和国家制定的人口与计划生育政策、法律、法规。党和国家制定的人口政策、国家现行的生育政策，既是计划生育管理中必须遵循的原则，又是计划生育管理的根本任务和最终目的。因此，保证党和国家的人口与计划生育政策、法律、规定的全面贯彻落实，是在计划生育管理过程中必须贯彻始终的一项基本原则。

2. 正确处理国家、集体和家庭之间的关系。计划生育不仅涉及千家万户，与人民群众的切身利益息息相关，而且关系到整个国家、民族的兴衰，经济、社会的发展，以及子孙后代的幸福。因此，在计划生育管理工作中，必须正确处理好国家、集体、家庭之间的关系，既要考虑国家、集体利益，又要考虑每个家庭的实际困难。

3. 注意提高工作效率，提高社会经济效益。管理是一种手段，是为了实现一定的目标服务的。在计划生育管理过程中，工作效率的高低直接影响着计划生育工作目标的实现，因而也就直接影响到计划生育工作的社会经济效益。但不能片面强调快，而应实事求是，工作要做深做细。

4. 研究新情况，解决新问题。计划生育管理工作同其他管理工作一样，总是随着环境、条件的变化而变化。因此，应主动发现新情况，总结新经验，研究新问题，充实、完善、发展计划生育的管理办法，以求得更好的效果。

什么是计划生育优质服务

计划生育优质服务，是指以人为本、以人的全面发展为中心，以群众的需求为出发点，以稳定低生育水平、提高人口素质为目标，围绕生育、节育、不育开展优质服务，合理地利用和配置社会资源，以适应市场的发展和群众的需求，全面提高计划生育服务质量，促进人口和社会的全面发展。

计划生育优质服务的主要内涵是：（1）以人的全面发展为中心，着力于为广大育龄夫妇及家庭提供多方面的服务，以人民群众满意不满意为标准，建立同人民群众良好的人际关系；（2）强调服务内容的合法性、规范性，必须达到一定的质量标准；（3）立足于最大限度地方便群众，以简便快捷、经济实惠为前提；（4）注重服务条件和服务手段的改善，用科学的方法提高效率和效益。有针对性地开展个性化的服务项目。

计划生育优质服务工作的主要任务是什么

坚持以人为本，以提高群众自我保健意识能力为重点，丰富科普宣传内容，把宣传教育与咨询服务结合起来，提高科普宣传的针对性和有效性；积极推行避孕节育措施的知情选择，扩大计划生育技术服务领域，把技术服务从单纯的落实节育措施拓展到避孕节育全程服务、优生优育服务、生殖保健服务；建立科学的管理和服务规范，把群众满意程度作为重要标准；改进和完善考核评估体系和考核评估办法，建立宣传教育、科学管理和综合服务相统一的经常性工作机制。

为什么要开展计划生育优质服务

计划生育优质服务是我国人口与计划生育工作发展到一定历史阶段的必然产物，是我国政府对世界“人口与发展大会”精神庄重承诺的具体体现。

开展优质服务活动是依法行政和维护公民权益的必然要求。公民维护权益意识的不断增强要求行政管理必须向依法行政和寓管理于服务转变。落实计划生育基本国策，必须在保证公民合法权益的前提下进行：一是维护公民的生存权，包括生命权和健康权。由此，预防出生缺陷、保障生殖健康和加强妇幼保健必须列入工作范围；二是维护公民的人身权，包括名誉权和申诉权。因此各级计生干部必须坚持以政策引导人，以道理说服人，以情感取信人，以服务感化人；三是维护公民的参与权，包括议政权、知情权和选择权。只有通过主动服务使公民基本权益得到有效维护，计划生育基本国策才具有坚实的群众基础和长久的生命力。

开展优质服务活动是稳定和巩固低生育水平的基本途径。我国低生育水平的现实基础并不牢固，是在强有力的行政控制下实现的超前转变，并非依赖社会经济发展实现的自然转变。因此在今后的计划生育工作中，倘若群众的利益得不到满足，低生育水平的稳定必将遇到挑战。现阶段大力推行计划生育优质服务活动，旨在寻求一种能够满足人们家庭利益需求的替代机制。通过有针对性的服务，维护各类利益群体的需求，弥补实行计划生育家庭的损失，进而进一步引导人们转变生育观念。

优质服务创建活动的目标是什么

开展计划生育优质服务创建活动的目标是：

1. 领导重视好。各级党委、政府把人口和计划生育工作切实纳入经济社会发展总体规划，摆到实施可持续发展战略的首要位置，建立稳定的保障机制。认真落实党政领导和相关部门人口和计划生育工作目标管理责任制，对人口问题进行有效的综合治理。

2. 政策导向好。按照有关法律法规的规定和“依法管理、村（居）民自治、优质服务、政策推动、综合治理”的要求，完善人口和计划生育法律法规，制定有利于计划生育的奖励、优待和社会经济政策，促进计划生育工作思路和工作方法的转变。

3. 依法行政好。基层经常性工作得到加强，形成一套科学规范的管理制度、工作制度和操作常规，计划生育和工作人员依法行政，文明执法，人民群众对计划生育工作的满意度不断提高。

4. 服务质量好。计划生育宣传教育和综合服务质量明显提高，服务程序科学规范，形成以群众需求为导向、寓管理于服务之中的工作机制，育龄夫妇普遍享受基本的生殖保健服务。

5. 民主管理好。计划生育政务公开落到实处，人民群众广泛参与计划生育的民主管理和民主监督，村（居）民委员会、计划生育协会及其他群众组织独立有效地开展计划生育各项活动，组织育龄群众实行自我管理、自我教育、自我服务、自我监督，基本实现计划生育村（居）民自治。

6. 队伍作风好。基层计划生育机构稳定，有一支适应新形势、新任务要求，数量合适，结构合理，业务熟练，作风正派，善于做群众工作的管理服务队伍。

计划生育优质服务的内容是什么

以人为本，深入开展宣传教育和优质服务，是人口与计划生育工作的核心思想。目前，开展计划生育优质服务工作的主要内容有：

1. 认真贯彻执行《中华人民共和国人口与计划生育法》（以下简称《人口与计划生育法》）、《计划生育技术服务管理条例》（以下简称《条例》）、《社会抚养费征收管理办法》、《流动人口计划生育工作管理办法》等法律法规以及地方人口和计划生育条例。落实行政执法责任制、公示制度、评议制度和执法过错责任追究制度。改革行政审批和许可制度，简化生育审批手续，废除限制符合法律法规生育的不合理规定，取消一切不合法的行政处罚、行政收费及各种保证金和抵押金。实行计划生育政务公开，广泛开展群众评议人口和计划生育工作的活动。

2. 加强宣传教育，建设新型人口文化和生育文化。把计划生育纳入社会主义精神文明建设和公民道德建设，广泛深入开展婚育新风进万家活动，普及计划生育、优生优育、生殖保健科学知识和相关法律知识，倡导男女平等和科学文明进步的婚育观念。健全人口学校、计划生育宣传阵地和宣传品发放制度，使群众能方便快捷地获得所需要的宣传品和咨询服务。在中、小学开设人口教育和青春期教育课程，稳妥地开展青少年性健康教育。各级领导干部学习人口理论形成制度。

3. 健全技术服务网络。增强服务功能，规范服务程序和质量标准，为育龄群众提供优质的生殖保健服务。按照技术优良、服务优质、管理优秀、环境优美、群众满意的要求加强计划生育技术服务机构建设。健全育龄妇女生殖健康档案，建立定期随访和定期服务质量分析制度。对实行计划生育的育龄夫妻免费提供基本项目的计划生育技术服务。实施避孕节育优质服务、出生缺陷干预和生殖道感染干预“三大工程”，推广避孕节育、生殖保健新技术、新产品，大力推行避孕节育方法的知情选择，保持较高的综合避孕率，提高避孕措施的及时率和有效率，大幅度降低手术并发症、手术差错、非意愿妊娠、人工流产、出生缺陷、妇女常见病和性传播疾病的发生率。广泛开展预防艾滋病的宣传咨询和培训，健全避孕药具发放网络。建立男性参与计划生育和生殖保健的机制，提高男性参与意识和为男性提供生殖保健服务的能力。

4. 建立较为完善的计划生育利益导向机制。制定落实对计划生育家庭的各项奖励优惠政策和对困难家庭的社会救助政策，采取多种形式开展计划生育养老保障的试点。深入开展计划生育“三结合”工作、扶贫开发与计划生育相结合工作，实施“幸福工程”和“少生快富工程”，引导和支持妇女参与发展经济和各种社会活动，提高妇女的经济地位和社会地位。组织计划生育协会会员和志愿者开展对实行计划生育困难家庭的帮扶活动。

5. 改进人口计划、管理和统计工作。建立科学、简便、易行的考核指标体系和评估办法。借助信息网络形成为社会和育龄夫妇家庭提供服务的人口和计划生育信息系统。加强对育龄群众生育取向、家庭生活质量、生殖健康状况、服务需求的调查研究和相关信息收集制度的建设，逐步建立管理部门、服务机构与育龄群众的信息交流和互动机制。

6. 加强对流动人口和计划生育管理与服务工作。建立以现居住地管理为主的工作机制，将流动人口计划生育工作纳入社区和企事业单位的管理服务范围，融入社会治安综合治理之中，与现居住地户籍人口同管理、同服务，协调公安、工商、劳动、城建、物业管理等部门和单位综合治理。简化流动人口办证手续，促进城乡人口的有序流动。

7. 推进计划生育村（居）民自治，依托社区开展计划生育管理服务，形成群众自我教育、自我管理、自我服务、自我监督的工作格局。充分发挥基层计划生育协会以及其他群众团体、社区组织和志愿者作用，按照群众组织的特点开展多种活动，定期反映群众对计划生育工作的建议、批评，创造健康、活泼的组织形式，不断提高广大群众对计划生育项目和方案的参与程度。

8. 推进干部人事制度改革，推行干部公开选拔、竞争上岗、轮岗交流、民主评议等制度，形成能上能下、能进能出、有效激励、严格监督、充满活力的用人机制，推进乡村两级计划生育干部的知识化、年轻化。通过加强培训，深入开展“三个代表”重要思想学习教育和争做新时期最可爱的人的活动，提高计划生育干部和技术服务人员的整体素质。

计划生育优质服务创建活动，要严格标准，坚持从实际出发，精心部署，周密安排，先行试点，逐步推开。鼓励基层结合实际大胆进行制度、机制和运行方式的改革创新。切实加强分类指导，防止一哄而起，在具体工作方式上、硬件设施建设上不搞“一刀切”、一个模式。

什么是人口与计划生育工作新机制

面对新世纪、新阶段人口和计划生育工作形势和工作要求，必须建立与之相适应的新的工作机制，即建立适应社会主义市场经济体制要求的“依法管理、村（居）民自治、优质服务、政策推动、综合治理”的人口和计划生育工作机制。

1. 依法管理

就是深入学习贯彻《中华人民共和国人口与计划生育法》（以下简称《人口与计划生育法》），《计划生育技术服务管理条例》、《社会抚养费征收管理办法》、《流动人口计划生育工作管理办法》以及地方人口和计划生育条例等法规规章。要进一步加强人口和计划生育工作的法制建设，建立健全中国特色社会主义人口和计划生育法制体系。加强法制宣传教育，增强干部群众的法律意识，充分发挥群众监督和舆论监督的作用。就是严格依法规范行政机关和公务人员的行政行为，提高依法行政水平，严格执法，文明执法，切实维护群众的合法权益，维护计划生育工作者依法行政的权益，使人口和计划生育工作全面走上依法管理的轨道。

2. 村（居）民自治

切实把计划生育工作重心下移，建立以村（居）为主的有效的基层管理和服务网络。在农村，把计划生育作为农村基层组织建设和“小康村”、“文明村”、“五好文明家庭”建设的重要内容，开展创建计划生育合格村活动，积极推进村民自治，实行计划生育村务公开，民主管理，民主监督。在城市，继续推行属地化管理，强化街道办事处、居委会计划生育的管理职责，积极推进社区建设，开展社区服务。充分发挥基层计生协会和其他群众组织的作用，解决好基层有人管事、有钱办事、照章理事的问题。

3. 优质服务

坚持把宣传教育摆上工作的首位，协调有关部门大力开展人口和计划生育基础知识的宣传，深入开展婚育新风进万家活动和创建计划生育优质服务先进县活动，普及避孕节育、优生优育、生殖保健科学知识和有关政策法规知识。按照《条例》的要求，着重做好以技术服务为重点的优质服务，积极稳妥地开展以避孕节育优质服务、出生缺陷干预和生殖道感染干预三项工程，指导育龄群众选择以长效避孕措施为主的安全、有效、适宜的避孕方法。与卫生部门密切配合，围绕生育、不育、节育共同做好计划生育、生殖保健服务。加快计划生育领域的科技创新，开发新产品、新技术，发展生殖健康产业，加强计划生育药具及保健品市场管理。通过优质服务吸引群众，教育群众，寓管理于服务之中。

4. 政策推动

中央《关于全面加强人口和计划生育工作统筹解决人口问题的决定（以下简称《决定》）》指出："建立完备的调控体系和良好的政策环境，是做好人口和计划生育工作的重要保障。各级政府和有关部门制定的土地、企业、医疗、社会保障、户籍、劳动、教育、财税等制度和改革措施，要统筹考虑，相互协调，有利于人口和计划生育工作。"要多制定有利于计划生育家庭的各项奖励和优惠政策，也要制定对违反计划生育政策家庭的制约政策，政策之间要衔接，防止政策缺失甚至相互抵触。要加大对已经出台的各项政策兑现力度，使政策真正落到实处。目前，惩罚性政策的落实情况还比较好，但奖励和优惠政策的落实情况却比较差。一些地方把应当由政府承担的计划生育技术服务经费转嫁给群众。这些问题应当引起重视。要因地制宜地发展多种形式的社会保障事业，解除群众实行计划生育的后顾之忧。制定政策的目的，是让计划生育家庭在政治上有地位，经济上有实惠，生活上有保障。

5. 综合治理

中央《决定》指出："人口和计划生育工作是一项政策性强、涉及广大群众切身利益的社会系统工程，各级党委政府要协调有关部门，动员全社会力量实行综合治理。"中央《决定》还特别点出了25个部门以及群团组织，明确了他们的各自职责。做好新时期人口和计划生育工作，必须坚持党政领导、部门指导、各方配合、优势互补、资源共享、各负其责，采取法律、教育、经济、行政等措施综合治理。综合治理的核心是党政一把手亲自抓、负总责，这是建立新的管理机制的重中之重。只有强化党委、政府特别是党政一把手的领导责任，才能真正调动各部门的积极性，才能在较高层次制定有关社会经济政策，解决制约工作发展的重点、难点问题。

城镇人口与计划生育工作的管理机制是什么

城镇人口与计划生育工作的管理机制主要包括四个方面，即属地管理、单位负责、居民自治、社区服务模式。

“属地管理”是指城市区、街道统一管理驻本辖区各国家机关、社会团体、企事业单位以及工作、生活在本辖区的常住人口、暂住人口的计划生育工作，承担宣传动员、监督检查、组织协调、综合服务的职能。城市基层各级党委、政府对本辖区人口与计划生育工作切实负起领导责任。社区居委会依据国家法律法规和政策，协助政府做好本辖区内所有单位和居民的计划生育工作。

“单位负责”是指所有国家机关、社会团体、企事业单位都要依照国家法律法规和政策，认真执行计划生育基本国策，履行各自职责，共同参与对人口问题的综合治理。实行企事业单位人口与计划生育法定代表人责任制，做好本单位的人口与计划生育工作，落实计划生育奖励和优待等有关政策和保障措施，支持、协助和参与社区计划生育管理服务。

“居民自治”，是指社区居民自治组织和社区居民依照国家法律法规和现行生育政策规范生育行为，参与旨在建立健康幸福家庭的人口与计划生育方案，组织起来实行计划生育自我管理、自我教育、自我服务和自我监督。将计划生育纳入社区管理服务体系，积极协助政府做好本社区内的人口与计划生育行政管理工作，对政府有关人口与计划生育的行政管理和社会服务进行民主监督。

社区服务，是指依托社区、面向家庭，广泛开展的计划生育综合服务。包括人口与计划生育宣传教育服务，相关法律、法规政策咨询和援助服务，避孕节育、优生优育、孕情访视、生殖保健、紧急避孕、性健康和中老年咨询保健等技术服务，独生子女照料等家政服务，为计划生育家庭提供优先优惠的便民利民服务，配合“星光计划”实施，针对老年人群的社会救助和社会化服务，以及组织社区居民开展的多种家庭互助活动。

什么是计划生育村民自治

计划生育村民自治，就是把上级有关计划生育的方针、政策、法规、规章以及各级相关部门制定的制度、办法、措施，结合本村实际，统一融会在村民自己讨论制订的《自治章程》中，用以规范每个村民的生育行为；将过去各级政府或计生部门依法直接行使、操作的行政职能，转化为《自治章程》的行为，由村民委员会履行职能，从而淡化行政上的强迫命令、强制措施，强化村民自我教育、自我管理、自我服务的功能。计划生育是我国基本国策，作为农村社会事务的重要部分，实行计划生育村民自治势在必行。

为什么要实行计划生育村民自治

推行计划生育村民自治，是顺应依法治国、依法行政的新形势，不断深化人口与计划生育工作改革，创新农村基层管理机制的重要内容之一，对全面完成新时期事业发展的目标、任务具有十分重要的意义。

随着我国人口与计划生育形势的发展，组织动员群众依法开展“自我管理、自我教育、自我服务”的自治活动，是为了更好地落实国家法律法规和政府的政策措施；更好地引导群众自觉自愿实行计划生育，从而构建国家指导与群众自愿相结合、行政管理与群众自治相结合的有中国特色的计划生育之路。

计划生育村民自治的目标是什么

根据《村民委员会组织法》的规定，推行计划生育村民自治，要求村民依据计划生育政策和法律、法规、规章及村民自治章程，通过民主选举、民主决策、民主管理和民主监督的形式，对村民自己生育、节育和接受生殖保健服务等行为进行自我管理、自我教育和自我服务。要做到计划生育村民自治，必须充分发动群众，激发村干部和广大村民参与计划生育管理和服务的积极性和民主参与意识。民主选举、民主决策、民主管理、民主监督既是计划生育村民自治的形式，又是计划生育村民自治的目标。上述四个自治形式的有机统一，构成了计划生育村民自治完整的运行机制。

民主选举，即全面推进村级民主选举。村委会包括计划生育干部在内的所有干部都要严格按照法律规定，坚持公平、公正、公开原则，由村民按期进行直接选举产生。选举实行无记名投票，选举结果当场公布，真正把群众拥护的思想好、作风正、有文化、有本领、真心实意为群众办事，拥护并带头执行党的政策和国家法律法规的人，选进村委会班子，管理计划生育工作。

民主决策，即全面推进村级民主决策，坚持民主自治的原则。民主决策作为村民自治的直接民主形式，是其一项重要内容，主要表现为：一是村民直接参与村级重大事务的决策，即村民是决策的主体，村委会讨论计划生育奖励、优待或者村民因违法生育而限制享受村级有关福利等事项，都必须提交全体村民或村民代表会议讨论，采取少数服从多数的原则，坚持群众路线，充分发扬民主，认真听取不同意见，按多数人的意见作出决定；二是村民委员会在广泛听取群众意见的基础上，根据村民自治原则进行决策，处理日常村级计划生育事务。

民主管理，即全民推进村级民主管理。依据《人口与计划生育法》、人口与计划生育地方性法规等，结合本村实际，全体村民讨论制订章程、计划生育村规民约、计划生育合同，把村民实行计划生育的权利和义务，规定得明明白白，村民和村委会干部依照制度从事计划生育管理活动，实行自我管理、自我教育、自我服务。

民主监督，即全民推进村级民主监督，村民委员会实行村务公开制度。人口与计划生育法律、法规、规章、政策的落实情况至少每半年公布一次，接受村民的监督。经村民民主评议，不称职的计划生育干部，应按照规定程序进行调整。

计划生育村民自治应遵循什么原则

要使计划生育村民自治工作得到健康发展，使之形成良性发展的工作机制，必须坚持以下原则：

1. 把村民当作计划生育村民自治的主体

在计划生育村民自治的过程中，要充分调动村民参与计划生育村民自治的自觉性，切实提高村民依法自治的能力。计划生育村民自治必须是广大村民的全面参与，而广大村民的法律意识和法律水平的高低又直接影响了计划生育村民自治的质量和水平。因此，必须全面提高广大村民的文化素质和法律素质，加强人口与计划生育法律、法规以及相关法律知识的宣传与普及，做好计划生育普法工作，以确保计划生育村民自治的质量和效果。

2. 加强计划生育村民自治的各种自治载体建设

自治载体建设是计划生育村民自治的核心。推行计划生育村民自治，重在建立健全村民自治的各种活动载体。为此，必须建立健全村共青团、妇联、计划生育协会组织并发挥他们的作用，广泛发动群众关心、支持计划生育工作，参与计划生育管理和监督，提供各种条件和机会，让群众在计划生育管理和服务过程中实现自我教育、自我管理、自我服务。计划生育协会是党和政府联系广大育龄群众的桥梁和纽带，是协助政府动员广大群众参与计划生育工作的一种很好的村民自治的组织形式。计划生育协会还具有组织网络健全、人才众多的优势，与群众联系密切，在农村有凝聚力，计划生育工作通过协会组织完全可以做得好，这正符合计划生育村民自治的精神。

3. 加强制度建设

推行计划生育村民自治，制度建设是根本。计划生育村民自治重点是建立健全村民委员会民主选举制度，以村民会议或村民代表大会为主要形式的民主议事制度，以村务公开、民主评议和村民委员会定期报告工作为主要内容的民主监督制度，计划生育合同管理制度等。计划生育村民自治管理制度要以计划生育法律、法规和有关政策为依据，以实际、实用、实效为原则。计划生育村务活动要照章办事，推进计划生育村民自治的制度化、规范化。

4. 坚持依法自治

制定和修订村民自治章程、计划生育村规民约是村民会议的一项重要职权，但村民自治章程、计划生育村规民约以及村民会议或者村民代表讨论决定的事项不得与宪法、法律、法规和国家政策相抵触，必须处理好国家、集体和个人之间的利益关系，不得有侵犯公民的人身权利、民主权利和合法财产权利的内容，不得有违反计划生育政策规定的内容。

5. 完善相关配套改革，切实为计划生育村民自治工作营造一个宽松的环境

计划生育村民自治工作不是一项孤立的事情，它是融于整个社会经济大环境里的一项新的社会管理体制。要想使这项工作真正落到实处，必须完善相关配套改革，大力推进政治体制改革，大力推进人口与计划生育综合改革，改革人口与计划生育工作考核评估体系，简化考核指标，减少考核次数，扫除阻碍计划生育村民自治工作的各种障碍，优化政策环境，为计划生育村民自治工作提供一个真正能自治的空间。

6. 正确处理好两个关系

一是要处理好村民自治与乡镇人民政府的关系。《村民委员会组织法》第四条规定："乡、民族乡、镇的人民政府对村民委员会的工作给予指导、支持和帮助，但不得干预依法属于村民自治范围内的事项。"实践中必须正确处理好二者的关系，既要体现真正实现村民自治，又要体现乡镇人民政府的指导、支持和帮助。二是要处理好村委会与村党支部的关系。我国村民自治是在坚持党的领导原则下的农村村民群众自治，而非地方自治。村党组织是中国共产党在农村的基层组织，承担着对农村社区的政治领导职责，发挥着政治核心作用。计划生育村民自治是在村党支部领导下的村民自治，不能脱离党组织的领导。中国共产党代表了最广大人民群众的根本利益，党组织领导村民自治组织，但不能包办代替。

计划生育“两员一干”包干责任制是指什么

是指要抓紧抓好计划生育工作，必须充分发挥共产党员、计生协会会员和各级干部（即“两员一干”）的模范带头作用。“两员一干”要负责分别联系数量不等的农户，建立长期的联系、合作指导的关系，经常关心和帮助联系户的生产、生活、生育情况，承担起联系计划生育的连带责任。

为了保护公民生殖健康/计划生育权利，国家人口计生委提出的“七个不准”的内容是什么

1. 不准非法关押、殴打、侮辱违反计划生育规定的人员及其家属；

2. 不准毁坏违反计划生育规定人员的家庭财产、庄稼、房屋；

3. 不准不经法定程序将违反计划生育规定人员的财产抵缴计划外生育费；

4. 不准滥设收费项目、乱罚款；

5. 不准因当事人违反计划生育规定而株连其亲友、邻居及其他群众；不准对揭发、举报的群众打击报复；

6. 不准以完成人口计划为由而不允许合法的生育；

7. 不准组织对未婚女青年进行孕检。

计划生育宣传教育工作的性质是什么

计划生育宣传教育，是实现各个时期人口发展目标的一种手段，这种手段不是强制人们去做什么，而是告诉人们应该怎样和为什么这样做。在计划生育“三为主”（宣传教育为主、避孕为主、经常性工作为主）方针中，首先是以宣传教育为主，由此可见，要搞好计划生育工作，必须搞好宣传教育，帮助、引导人们认识真理，提高思想觉悟，改变生育观念，从而保证计划生育各项工作的落实。

计划生育宣传教育工作有什么特点

计划生育宣传教育的特点主要体现在以下四个方面：

1. 长期性和艰巨性。改变生育观念，不是一朝一夕能够实现的。尽管我国的经济、文化有了很快的发展，广大人民群众物质生活日益提高，生育观念也有了较大程度的改变，少生快富奔小康，已成为人们日益向往的幸福之路，但是，要彻底改变几千年遗留下来的婚姻陋习，还需要进行长期艰苦的宣传教育。

2. 社会性和群众性。计划生育工作涉及面广，关系到社会的每一成员，不但人人有宣传责任，而且人人有宣传计划生育的义务，因此，做好计划生育宣传工作只靠一个或几个部门是不行的，必须发动群众，依靠全社会力量，才能造成强大的社会舆论。我们开展“婚育新风进万家”活动，就是具有社会性和群众性的计划生育宣传活动。

3. 针对性。计划生育宣传内容既广泛又丰富，宣传对象既庞大又复杂。要想取得良好的宣传效果，必须针对不同的宣传对象，选择不同的宣传内容和方法，这样，才能有的放失，取得预期效果。

4. 形式多样。电影、电视、广播、快板、报纸、标语、黑板报，都是宣传计划生育的好形式。这些形式各有所长，可因时制宜，因事制宜，采用一种或多种宣传形式开展宣传工作，吸引群众，达到提高宣传效果的目的。

计划生育宣传教育有什么作用

计划生育宣传教育的作用有以下几个方面：

1. 转变人们的婚姻、生育观念

一些群众受旧生育观念影响很深，严重地影响了计划生育的开展，要转变人们千百年来形成的“传宗接代”、“多子多孙”、“重男轻女”等旧思想、旧观念。教育人们树立婚事新办、少生优生、少生快富、女儿也是传后人的新婚姻、生育观念。

2. 推动社会主义精神文明建设

实行计划生育是一场移风易俗的深刻变革，它冲击着婚姻、家庭、生育领域里封建的伦理道德观念和腐朽的陈规陋习，有引导人们树立晚婚晚育、少生优生的社会主义新风尚的作用，是社会主义精神文明建设的重要组成部分。计划生育宣传教育的开展，对促进社会主义精神文明建设起着重要的推动作用。

3. 保证各项工作的顺利完成

党的各项方针政策的落实、政府各项工作的完成，只有广泛深入地进行宣传，使之家喻户晓，人人皆知，形成共识，统一思想，才能达到动员人民群众积极参与、共同奋斗的目的。实践证明，计划生育宣传工作搞得好，各项工作任务就能及时顺利完成。

计划生育宣传教育工作可以采取哪些方法

计划生育宣传教育的方法主要有：

（一）口头宣传

口头宣传也叫口语宣传。它是宣传者通过语言起到宣传效果的方法，其特点是方法简便，灵活性高，适应性强，省时省力，常用的口头宣传形式有报告会、座谈会、演讲、专题讲座、有线广播、讲悄悄话等。

1. 报告会。报告会是向群众进行宣传鼓动的一种传统方式。其最大特点和优点就是有计划、有组织地同时面对较多的群众进行宣传教育，容易收到好的效果。

2. 座谈会。座谈会是计划生育宣传教育中常用的方法之一。其优点就是通过座谈会讨论，与会者能够互相交流思想，达到互相启发、互相教育、共同提高的目的。

3. 演讲。利用群众的心理与听众的情绪进行宣传鼓动。

4. 专题讲座。如优生知识讲座、优育知识讲座、避孕节育知识讲座等。

5. 有线广播。利用乡镇有线广播进行口头宣传，其特点是宣传范围广，传播速度快，听众多。

6. 讲悄悄话。利用悄悄话，宣传生育、节育知识，解决育龄人员难以启齿的疑难问题，从而受到教育和启发。

（二）文字宣传

文字宣传是把口头宣讲的内容用文字表达出来，一般常用的方式有标语、横幅、黑板报、印刷资料等。

1. 标语。标语是把口头宣传文字化，其特点是简单易行，内容鲜明，一目了然，可张贴或悬挂在交通要道和行人较多的地方。

2. 黑板报。黑板报是一种既经济又灵活的宣传方式，其特点是针对性强。

3. 印刷资料。印刷资料是将要宣传的东西印刷成小册子或单张纸，可容纳丰富的内容，便于人们翻阅，保管和张贴。

（三）形象宣传

形象宣传是采用形象感染宣传对象的一种宣传形式。如宣传画、挂图、照片、连环画、漫画等，其特点是图文并茂，真实感强、宣传效果好。

（四）视听宣传

常见的视听宣传有电影、电视、幻灯片等。电影、电视是视听宣传中最受群众欢迎和宣传效果较好的两种形式。

计划生育宣传教育的内容包括哪些

（一）马克思主义的人口理论

马克思主义的人口理论，是制定我国人口政策的理论基础，是观察认识和解决我国人口问题的锐利武器。马克思主义的人口理论基本原理主要有四点：

1. “两种生产”的原理；
2. 社会生产方式决定人口发展的原理；
3. 人口在社会发展中有重要作用的原理；
4. 人是生产者和消费者统一的原理。

（二）计划生育政策

1. 人口政策。控制人口数量、提高人口素质，改善人口结构。

2. 生育政策。生育必须按计划进行。一对夫妻只生育一个孩子，符合《条例》规定经过批准，可以生育第二个孩子，禁止生育第三个孩子。

3. 技术政策。坚持以避孕为主，坚持及时落实避孕节育措施。已生育一个孩子的，应及时采取以上环为主的节育措施；已生育两个孩子的，应及时采取以结扎为主的节育措施。对不宜上环、结扎的育龄夫妻，经县级以上计划生育管理部门鉴定，可以采取药具避孕措施；计划外怀孕的，应采取补救措施，终止妊娠。

4. 奖惩政策。对响应国家号召，终身只生育一个孩子的夫妇给予物质、精神奖励、生活照顾和各种优惠；对违反计划生育政策的夫妇，给予行政和经济惩罚。

5. 优生优育政策。优生优育是控制人口数量，提高人口素质，改善人口结构的重要方面，是计划生育政策不可缺少的重要组成部分。要大力推行婚前检查制度，开展优生优育的咨询门诊，开展优生遗传检测。

（三）计划生育科学知识及优质服务

各级计划生育部门要充分利用婚育学校和计划生育服务所工作阵地，对育龄人群进行生育科学知识宣传。开展优质服务活动。计划生育科学知识的宣传教育内容如下：

1. 青春期人群宣传教育内容：性的起源；月经生理知识；经期卫生知识；男女生殖器解剖生理知识；早婚早育的害处；患有哪些疾病不能结婚和生育等。

2. 婚前期人群的宣传教育内容：婚前检查的意义；婚前的生

育知识培训；婚前性心理及性道德教育；近亲结婚的害处；优生优育常识等。

3. 婚孕期人群宣传教育的内容：新婚性生活知识；孕期保健；产前检查；避孕方法等。

4. 育儿期人群宣传教育的内容：新生儿喂养；新生儿护理；独生子女教育；避孕知识等。

5. 更年期人群宣传教育内容：更年期性生活知识；更年期保健知识等。

（四）宣传计划生育先进典型和模范人物

要及时发现和宣传计划生育工作中涌现出的先进典型、模范人物、少生快富奔小康的典型、树立婚育新风的典型、兢兢业业为计划生育事业工作的典型等，用真人真事宣传群众、教育群众、组织群众，使群众看得见、摸得着，具有亲切感和号召力。

（五）婚育新风进万家

“婚育新风进万家”活动是一个全国性的计划生育宣传活动，范围广、任务广，它涉及千家万户和每一个育龄人员，它的主要目的就是通过这一项活动，增强人们对计划生育宣传教育的首位意识，转变人们的传统生育观念，提高人们实行计划生育的首位意识，转变人们的传统生育文化，满足群众日益增长的计划生育需求，全面提高人口素质，促进家庭文明、幸福。

（六）坚持“三不变”，“落实三为主”，推行“三结合”，实现“两个转变”

“三不变”：坚持党政一把手亲自抓、负总责不变，现行的计划生育政策不变，既定的人口计划目标不变。“三为主”：计划生育宣传教育为主，避孕为主，经常性工作为主。“三结合”：计划生育工作与发展经济相结合，与引导农民勤劳致富奔小康相结合，与建设文明幸福家庭相结合。“两个转变”：由以往仅就计划生育抓计划生育向与经济社会发展紧密结合，采取综合措施解决人口问题转变；

由以社会制约为主向逐步建立利益导向和社会制约相结合，宣传教育、综合服务、科学管理相统一的机制转变。

什么是人口计划管理制度

人口计划管理制度，是依据法律规定，围绕人口计划的确定、实施以及为完成人口计划目标而展开的一系列管理活动的办事规程或行动准则。人口计划管理的主要任务是：组织人口预测；编制年度人口计划、中期和长远人口规划；组织实施人口计划；通过人口出生统计和育龄妇女信息系统，检测人口计划执行情况；总结推广人口计划管理经验，探索管理规律等。

人口计划管理应遵循什么原则

人口计划要贯彻以下基本原则：

1. 人口计划要体现从严控制人口增长速度的根本要求。制定人口计划，要从我国人口多、底子薄、资源不足的实际情况出发，根据人口与经济、社会、资源、环境协调发展和可持续发展战略的要求，严格控制人口增长速度。

2. 人口计划要同生育政策的贯彻相统一。首先，人口计划要保证符合生育政策的生育，维护群众的合法生育权益；其次，人口计划要逐步提高妇女生育的政策符合率。

3. 人口计划要贯彻实事求是的原则，实行分类指导。在制定人口计划时，要充分考虑各地的城乡构成、民族构成、经济社会发展水平和计划生育工作基础的差异，要对计划的可行性进行科学的论证，使人口计划既是积极的，又是经过最大努力能够实现的。

4. 国家、地区、基层的人口计划之间，长期、中期、年度计划之间要协调一致。

人口计划可以分为几类

人口计划按计划期限的长短不同，可以分为长期计划、中期计划和年度计划。长期人口计划是战略性计划，期限一般是 20 年及以上；中期人口计划是阶段性计划，期限一般是 5 年；年度人口计划是战术性计划，是更具体的行动计划。年度人口计划采取了两年滚动的形式，即：下达当年计划的同时，提出下一年的框架计划。年度计划和 5 年计划是我国人口计划的主要形式。

按计划范围的不同，人口计划可以分为国家计划和地区计划。国家人口计划是以全国人口作为一个整体，以各省、自治区、直辖市为单位，充分考虑各地的具体情况而制定的。地区人口计划是指省、地、县的三级人口计划。它是根据国家下达的人口计划和本地实际情况制定的。地区人口计划是国家人口计划的基础，起保证作用。

人口计划的内容是什么

我国现阶段人口计划的内容，即指标体系有三类指标构成：第一类是人口控制指标，反映人口规模、人口发展速度，主要有计划期末总人口、计划期内出生率、自然增长率；第二类是为达到人口控制指标而设置的工作指标，主要有计划生育率、避孕节育率、独生子女领证率等；第三类是为完成人口计划而设置的保证指标或事业发展指标，主要有人均计划生育专职工作人员数，人均计划生育事业经费等。

人口计划的编制程序是什么

人口计划由发展计划和计划生育部门共同编制。编制人口计划草案一般按下列步骤进行：（1）了解和收集有关数据和情况；(2)进行人口预测；（3）拟定计划指标；（4）制定保证人口计划指标得以实现的工作指标和相应的措施。

人口计划编制完成后，要经过相应的权利机关的审批，通过一定的组织程序下达。国家一般在年初下达年度人口计划，省、地、县、基层在接到上级下达的人口计划后，结合本地实际情况，对上报的计划指标进行对照、研究、调整和修改，并按程序逐级审批下达。

国家和省、自治区、直辖市一般在每年年中和年初各进行年度人口计划执行情况的检查，对于五年人口计划执行情况的检查，则要定期地和不定期地进行。通过对检查结果的研究分析，提出改进和加强工作的措施。

什么是社会抚养费

《人口与计划生育法》规定对不符合法律、法规规定条件生育子女的公民，应当依法缴纳社会抚养费。社会抚养费指的是公民不符合法定条件多生孩子，给社会增加了负担，理应适当补偿所增加的社会公共投入的费用。征收社会抚养费有利于有效调节公民的生育行为，促进计划生育工作的开展，减轻政府公共投入负担。

社会抚养费的征收标准是什么

《社会抚养费征收管理办法》规定：社会抚养费征收标准分别以当地城镇居民年人均可支配收入和农村居民年人均纯收入为计征的参考基本标准，结合法律、法规规定生育子女的情节，确定征收数额。社会抚养费的具体征收标准由省、自治区、直辖市规定。任何单位和个人不得违反法律、法规的规定擅自增设与计划生育有关的收费项目，提高社会抚养费征收标准。

社会抚养费的征收对象有哪些

根据《人口与计划生育法》、《婚姻法》、《收养法》的有关规定，以及各省、自治区、直辖市地方人口与计划生育法规规定，当我国公民的生育行为出现以下六种情形之一时，就要自觉履行缴纳社会抚养费的义务：

1. 公民再生育不符合地方人口与计划生育法规规定的条件，生育子女的数量超过地方性法规规定的许可范围；

2. 公民未履行法定婚姻登记程序，在未形成法定夫妻关系的前提下的生育行为；

3. 公民收养子女的行为不符合《收养法》或地方人口与计划生育法规的有关规定，或依法收养后的生育行为不符合地方人口与计划生育法规的规定；

4. 公民再婚生育行为不符合地方人口与计划生育法规的有关规定；

5. 公民再生育行为不符合地方人口与计划生育法规关于生育间隔或有关规定程序的规定；

6. 公民其他不符合地方人口与计划生育法规规定的生育行为。

社会抚养费的征收程序是什么

社会抚养费的征收机关是市、县（区）、自治县人口和计划生育局；受市、县（区）、自治县人口计划生育局委托的乡镇人民政府或者街道办事处可以市、县（区）、自治县人口和计划生育局的名义作出社会抚养费征收决定。其征收程序是：

1. 立案。立案是指乡镇人民政府或街道办事处对公民、法人或其他组织违反计划生育法规、规章的行为，经审查后决定作为征收社会抚养费案件处理。

2. 调查取证。社会抚养费征收机关发现公民有违法生育嫌疑的，必须进行全面、客观、公正的调查，收集有关证据。征收机关在调查时，执法人员不得少于两人，并应当向当事人或者有关人员出示证件。调查应当制作笔录。执法人员与当事人有直接利害关系的，应当回避。

3. 告知权利。调查终结，社会抚养费的征收机关负责人应当对调查结果进行审查。征收机关在作出征收决定前，应以书面形式向当事人分别告知作出征收决定的事实、理由和依据，并听取当事人的陈述、申辩（当事人放弃陈述、申辩权利的除外）。征收机关对当事人提出的事实、理由和证据应当进行复核。当事人提出的事实、理由和证据成立的，征收机关应当采纳。

4. 作出决定。查实有违法生育行为的，由市、县（区）、自治县人口和计划生育局或者其委托的乡镇人民政府或者街道办事处对当事人作出社会抚养费征收决定。征收机关决定对当事人征收社会抚养费，应当制作征收决定书。社会抚养费征收决定书必须盖有市、县（区）、自治县人口和计划生育局的印章，并载明下列事项：

a. 填写当事人的姓名、年龄和地址；

b. 违法生育的事实和证据；

c. 对男女当事人各自征收社会抚养费的法律依据和征收数额；

d. 代收社会抚养费的机构名称和缴纳期限；

e. 不服征收决定而申请行政复议、提起行政诉讼的途径和期限；

f. 征收机关的名称和作出决定的日期。

5. 送达决定书：社会抚养费征收决定书应当在宣告后分别交付男女双方当事人；当事人不在场的，征收机关应当在7日内参照《民事诉讼法》的有关规定，将征收决定书分别送达男女当事人。送达征收决定书应当填写送达回证。社会抚养费征收决定自送达之日起发生法律效力。

6. 执行决定书

社会抚养费征收决定依法作出后，当事人应当在征收决定书送达后30日内到征收决定书指定的机构，足额缴纳社会抚养费。当事人确有经济困难，申请延期或者分期缴纳社会抚养费的，经征收机关同意，可以延期或者分期缴纳。

当事人未在规定的期限内缴纳社会抚养费的，自欠缴之日起每月加收欠缴社会抚养费的千分之二的滞纳金；仍不缴纳的，由作出征收决定的市、县（区）、自治县人口和计划生育局依法申请人民法院强制执行。

当事人若对征收决定不服，可以采取哪些措施

《社会抚养费征收管理办法》第九条规定：当事人对征收决定不服的，可以依法申请行政复议或者提起行政诉讼。行政复议或者行政诉讼期间，征收决定不停止执行；但是，《行政复议法》、《行政诉讼法》另有规定的除外。

社会抚养费及滞纳金是否应上缴国库

《社会抚养费征收管理办法》第十条规定：社会抚养费及滞纳金应当全部上缴国库，按照国务院财政部门的规定纳入地方财政预算管理；任何单位和个人不得截留、挪用、贪污、私分。计划生育工作必要的经费，由各级人民政府财政予以保障。

截留、挪用、贪污、私分社会抚养费应承担什么法律责任

《社会抚养费征收管理办法》第十四条规定：截留、挪用、贪污、私分社会抚养费的，依照刑法关于贪污罪、挪用公款罪、私分国有资产罪的规定，依法追究刑事责任；尚不够刑事处罚的，对直接负责的主管人员和其他直接责任人员依法给予降级、撤职或者开除的行政处分。

什么是计划生育财务管理

计划生育工作是一项社会系统工程，要有众多的条件才能实现。人力、物力、财力是开展计划生育工作的必备条件，三者都牵涉到资金。保证计划生育工作目标实现的经费，在财政预算科目上称为计划生育事业费。围绕计划生育事业费筹措、分配、领拨、使用、调度、缴销、监督等的活动就是计划生育财务管理。

计划生育财务管理的基本任务是什么

计划生育财务管理的主要任务是：（1）根据国家法律法规，合理编制单位预算，统筹安排、节约使用各项资金，保障行政机关和事业单位正常运转及开展业务工作的资金需要；（2）依法组织收入，合理安排支出，加强经济核算，提高资金使用效益；（3）建立、健全内部财务管理制度，参与单位的重大经济决策和对外签订经济合同等事项，对单位的经济及财务活动进行控制和监督；（4）加强国有资产管理，防止国有资产流失；（5）定期编制财务报告，如实反映单位财务状况，进行财务活动分析；（6）对计划生育行政主管部门所属并归口管理的单位的财务活动实施指导、监督。

计划生育财务管理的基本原则是什么

计划生育财务管理的基本原则是：（1）遵守国家有关法律、法规和财务规章制度；（2）坚持勤俭办事的方针，量入为出，保证重点，兼顾一般；（3）正确处理事业发展需要和资金供给的关系，社会效益和经济效益的关系，国家、集体和个人三者利益的关系。

计划生育财务管理的主要内容是什么

计划生育财务管理的主要内容：

1. 积极筹措资金，保证事业需要

（1）积极争取国家财政资金的支持。中共中央、国务院规定："'八五'期间，各级财政用于计划生育的事业费支出要由目前的年人均1元逐步增加到人均2元。"1996年3月10日，李鹏总理根据国务院办公会议决定，在中央计划生育工作座谈会上提出"力争'九五'期间各级财政用于计划生育的事业费支出，由1995年的人均2.64元逐步增加到2000年的人均4元。"1992年以来，上海市各级财政根据党中央、国务院的指示，对计划生育事业费的递增作出了极大的努力。7 年来，计划生育事业费年递增 39%，按户籍人口计算，人均经费由 0.99 元增加到 4.6 元，达到党中央、国务院的要求。

（2）积极组织收入。利用现有的人才、知识、设备，开展对内、对外服务，收取成本补偿或劳务报酬。组织收入时，必须遵照国家规定的收费项目和标准执行，收入的经费必须按照国家有关规定管理，收入的经费应该主要用于补充经费不足和发展事业。

2. 合理安排使用，发挥经济效益

经费支出要保证重点、兼顾一般、专款专用。在经费矛盾普遍存在的情况下，要根据开支项目的轻重缓急，权衡利弊、突出重点、妥善安排。如保证宣传教育经费支出，转变人们生育观念、提高育龄群众自我保健意识和能力，降低人流率、减少手术量，就能减少计划生育手术费支出，并有利于育龄妇女的健康。因此，增加宣传教育开支，既能取得经济效益，又能取得社会效益，达到计划生育财务管理的目的。

3. 加强财务分析，杜绝违纪行为

按照时间阶段，作出财务分析，提出分析建议，供领导参考决策。对本级收支、所属单位收支定期、不定期地检查分析，发现问题，及时纠正。

计划生育事业单位预算编制应坚持什么原则

1. 根据国家有关方针、政策，国家有关法律、法规和规章制度，以及计划生育事业计划编制单位预算。

2. 坚持实事求是的原则，既要考虑单位的需要，又要考虑国家财力的可能，保证重点、兼顾一般。

3. 坚持以收定支、收支平衡的原则，单位预算应自求平衡，不得编制赤字预算。

4. 坚持艰苦奋斗、勤俭节约的原则，挖掘内部潜力，努力增收节支，提高资金使用效益。

5. 坚持严格划清经费渠道的原则。事业经费与基本建设投资不得相互挤占和挪用，并根据有关规定，分别编制预算。

6. 坚持完整性和统一性原则。计划生育事业单位必须将全部财务收支项目在预算中予以反映，并按照国家预算表格和统一的口径、程序及计算依据编制单位预算。

计划生育事业单位预算编制程序是什么

计划生育事业单位根据年度事业计划，提出预算建议数，经主管部门审核汇总报财政部门核定。单位根据财政部门下达的预算控制数编制预算，由主管部门汇总报财政部门审核批复后执行。

预算报送时间按财政部门的规定执行。

计划生育事业单位收入管理的要求是什么

收入是指计划生育事业单位为开展业务及其他活动依法取得的非偿还性资金。收入管理的要求：

1. 计划生育事业单位应当在国家政策允许的范围内，依法组织收入，坚持把社会效益放在首位，同时注重经济效益。

2. 计划生育事业单位必须使用财政部门和税务部门统一印制的票据，并建立健全各种专用收款收据、销售发票等票据的管理制度。

3. 计划生育事业单位必须严格执行国家批准的收费项目和收费标准，不得擅自设立收费项目，自定收费标准。

4. 计划生育事业单位应当按照规定加强账户的统一管理，收入要及时入账，防止流失。

5. 计划生育事业单位的各项收入必须全部纳入单位预算，统一核算，统一管理。

计划生育事业单位支出管理的要求是什么

支出是计划生育事业单位开展业务及其他活动发生的资金耗费

和损失。计划生育事业单位支出包括事业支出、经营支出、自筹基本建设支出、对附属单位补助支出和上缴上级支出。

计划生育事业单位在开展非独立核算经营活动中，应当正确归集实际发生的各项费用数，不能归集的，应当按照规定的比例合理分摊。经营支出应与经营收入配比。

计划生育事业单位应当建立健全支出管理制度。各项支出应在单位负责人的领导下，由单位财务部门在财政部门和主管部门核定的预算指标之内统一掌握使用。单位各业务部门的开支，应当事先提出使用计划交单位财务部门审核后执行。

计划生育事业单位应当严格执行国家规定的开支范围及开支标准；没有统一规定的，由计划生育事业单位作出规定，报主管部门和财政部门备案。计划生育事业单位的规定违反国家法律、法规和政策的，主管部门和财政部门应当责令其改正。

计划生育事业单位从财政部门和主管部门取得的有指定项目和用途并且要求单独核算的专项资金，应当按照要求定期向财政部门和主管部门报送专项资金使用情况；项目完成后，应当报送专项资金支出决算和使用效果的书面报告，接受财政部门和主管部门的检查和验收。

什么是计划生育目标管理

目标管理是管理的一种基本方法。按照实现目标的需要，组织、使用好人力、物力、财力，使其充分发挥效益，以保证目标的实现。计划生育目标管理内容包括人口发展目标和计划生育工作目标两个部分。

什么是人口发展目标

社会主义基本经济规律要求，人口发展要与国民经济和社会发展相适应，这个适应不仅是人口数量与生产力的简单适应，而是人口的数量、质量、构成和分布与国民经济和社会发展相适应。

人口发展目标是计划生育目标管理的主体，人口发展目标的内容和要求就是计划生育目标管理的主要内容和主要要求。人口发展目标从不同范围、不同层次来看，可以分为全国的、地区的和家庭的三种。整个国家的人口发展目标是依赖于各个地区和每个家庭的人口发展目标来实现的。地区和家庭的人口发展目标必须服从于和服务于国家的人口发展目标。人口发展目标从时间来看，有长期、中期和短期三种。长期人口发展目标带有战略性，一般是30年或50年。人口再生产周期需要30年左右的时间，改变某一个人群的年龄结构也需要30年左右的时间，因此人口发展目标必须有一个长期目标。中期的目标一般是10年或20年，短期目标一般是年度人口计划和五年人口规划等，短期目标是实现长期人口发展目标的手段。

什么是计划生育工作目标

计划生育工作目标的内容主要有：

（一）控制人口增长

主要内容包括：

1. 经过上级认定的、经过审核批准的计划结婚和生育的人数；计划生育率及其分解指标的具体要求。如，计划内一孩、二孩率、计划外一孩、二孩率及多孩率，以及与此相适应的人口出生率、人流引产率等。

2. 对晚婚率、节育率的要求；对计划外怀孕、生育率和大月份引产的控制指标和补救成功率的要求；对节育手术并发症、后遗症的治疗与生活安排，对宣传教育，密切党群、干群关系，提高群众实行计划生育的自觉性，以及落实各种奖惩政策的要求等。

3. 为保证上述目标实现的各项具体工作目标，包括组织工作、落实各项责任制的工作以及宣传教育、物质保障与技术服务的组织安排工作，婚前指导、审核工作，独生子女奖励和帮助独生子女户解决困难、节育手术并发症、后遗症的治疗与生活安排工作，社会保障性工作等。

（二）提高人口素质

主要内容包括：

1. 对先天性遗传病的控制要求，婴幼儿因病致残率和死亡率的控制要求，婴幼儿身高、体重和智能正常率的要求等。

2. 对近亲婚配与严重遗传病患者婚配发生率的控制要求，新法接生率或住院接生率的要求，婴幼儿预防接种率和发病率的控制要求，婴幼儿体检与疾病矫治、营养、发育监测率的要求，以及幼儿入托、入学率的要求。

3. 婚前健康检查、遗传病调查与卫生指导工作的目标要求，孕期、产期保健的目标要求，婴幼儿保健工作和幼儿教育工作的目标要求等。

对于上述目标，应当作为各级党委、政府对计划生育的全面管理的重要内容，协调卫生、教育、妇女、计划生育等方面的力量共同来实现。

什么是目标管理责任制

我国人口与计划生育政策法规中提出要“坚持和完善人口与计划生育目标管理责任制”。

计划生育目标管理责任制就是对党政领导和计划生育部门分别进行责任考核，落实“一票否决”制度。组织、纪检监察等部门把领导干部落实计划生育责任制的情况作为衡量政绩和选拔奖惩的重要内容，任期内逐年考核，离任时进行审核，对工作失职的要追究责任。具体包括科学确定指标体系、明确责任、对责任领导进行科学的检查考核、依据考核结果兑现奖惩。

改革人口和计划生育目标管理责任制的主要目标是什么

人口和计划生育工作目标管理和考核工作改革的主要目标是：通过改革、完善人口和计划生育目标管理责任制，坚持“突出重点、注重实效、简便易行”的原则，以稳定低生育水平，提高出生人口素质为核心，以建立和完善“依法管理、村（居）民自治、优质服务、政策推动、综合治理”的工作机制为主线，以满足育龄群众的基本需求为出发点和落脚点，实行分线考核，建立新的考核指标体系、改革和完善考核方法，推进项目管理，形成责任明确、指标精简、层次适当、方法科学、操作公正、反馈及时的计划生育考核评估机制。

推进人口和计划生育目标管理和考核工作改革要坚持什么原则

推进人口和计划生育目标管理和考核工作改革要坚持以下原则：

1. 实事求是

无论在指标设置，还是在考核评估方法以及考核结果使用上，都必须考虑各地工作发展所处的阶段、工作重点以及当地社会经济发展的状况等综合因素。要坚持从本地区的实际情况出发，确定改革的重点和方向。

2. 循序渐进

改革涉及面广，敏感性强，牵一发而动全身，所以要非常慎重，既要把握改革与发展的方向，又要考虑各地的实际情况，实行过渡性的、渐进式的改革，既积极又稳妥，避免一哄而上，防止和克服形式主义。

3. 与综合改革相配套

目标管理和考核工作改革是人口和计划生育综合改革的重要组

成部分。因此两者必须统筹规划，统一安排。在综合改革方案中要明确考核工作改革的目标和重点，在推行考核评估工作改革时，要考虑综合改革的总体安排，考核工作改革要服从、服务于综合改革。

4. 减轻基层负担

由于考核结果与各级领导干部的政绩挂钩，考核工作往往占用了各级领导和计划生育部门大量的时间和精力，并对基层造成了巨大的工作压力。考核评估工作改革要为基层创造宽松的工作环境，让基层有更多的时间和精力进行改革创新，为育龄群众提供优质服务。

5. 鼓励创新

考核评估工作改革要为人口和计划生育创新提供新的动力。一方面，要在考核评估导向上鼓励基层创新；另一方面要在考核评估方法上进行创新，采用先进的计算机信息处理技术和抽样调查、社会统计、项目管理和综合评估的新方法，不断增强考核工作的科学性、客观性和公正性。

6. 强化导向

通过改革，进一步强化目标管理和考核工作的导向作用，引导各地加强人口和计划生育事业自身服务能力建设，不断提高管理水平和服务质量，促进人口和计划生育事业的新发展。

人口和计划生育目标管理和考核工作改革的主要内容是什么

（一）精简考核内容和指标

1. 合理确定考核内容。要把稳定低生育水平和让育龄群众满意作为考核工作的重点，考核的内容既要有利于稳定低生育水平，又要体现群众的意愿，不断满足群众日益增长的计划生育和生殖健康需求。要进一步明确党委、政府、相关部门、人口和计划生育部门的责任，形成稳定低生育水平的合力。对党委、政府的考核侧重机构和队伍建设、协调各有关部门制定有利于人口和计划生育政策的情况、经费保障等方面的内容；对相关部门的考核侧重于制定和落实有利于计划生育的政策和措施，实施综合治理，特别是流动人口计划生育管理、控制出生性别比、提高出生人口素质等内容；对计划生育部门的考核侧重于落实“三为主”、依法行政和优质服务等方面内容。

2. 精简考核指标。要在认真研究分析指标设置的合理性、科学性和有效性的基础上，从整体工作发展的全局出发，根据工作中的关键性问题、工作重点和发展方向设置指标。考核指标要少而精，简便易行。工作上的原则要求不再作为具体的指标纳入考核。省级考核要突出重点，不要面面俱到。基层的考核指标体系可较多地注重微观层次，指标数量可适当增加。

3. 确定合理的权重。要根据不同时期人口和计划生育工作改革与发展的重点，对各项考核指标确定不同的权重，突出改革创新的内容。目前要加大党政领导责任和相关部门的责任，加大“三到位”和综合治理等指标的权重。

（二）改革考核方式和方法

1. 实行分别考核。要严格界定考核对象，明确各自的责任。在各级党委和政府的领导下，对党政领导、相关部门、人口和计划生育部门分别进行考核，考核各自职责和任务的落实情况。分别考核的内容应与考核对象所承担的责任相一致。考核的结果应分线、分项、分级公布。

2. 实行分类考核。针对各地不同的工作水平，经济条件和自然条件，尤其是城乡差异，在考核要求、指标设置、考核方法、考核期限、考核重点上要有所区别，以体现考核的导向性。

3. 实行分级考核。为减少层层考核给基层工作带来的负担，要逐步明确省、市、县、乡各自负责考核的指标，实行分层次考核，逐层上报考核结果，避免重复考核。

4. 改进考核方法。省、地对基层的考核可联合进行。可采用年终调查与平时检查相结合、自查与上级检查相结合、定量考核和定性评估相结合、直接调查和间接评估相结合等办法。带有全面考核性质的年终调查，可逐步采取以下级自查为主、上级抽查为辅的方式进行。

5. 减少考核次数。要将各项单项考核纳入综合考核。省（区、市）对下级全面的集中调查、验收式的考核，每年至多搞一次。对同一地区的考核，一年内不能超过两次。对优质服务先进县（市、区）可区分不同情况，采取届期考核。

（三）完善考核质量保障机制

1. 坚持实事求是，注重实效。要防止和克服考核工作中的形式主义。目标的设置和要求要贴近工作实际和基层的实际，注重实际效果。对目标的确定不能层层加码，以减轻基层和群众的负担。逐步建立考核方案的审批和备案制度。分线考核的方法要有针对性，切实有效，避免走过场。

2. 切实增强可操作性和公正性。考核指标和考核办法、程序要客观、刚性，尽量避免主观因素。要增强考核工作的导向性，考核方案要尽早下发到基层。考核样本量要具有代表性。要提高考核人员的思想政治素质和业务素质，提高考核的客观公正性。

3. 建立对考核的监督机制。逐步建立考核结果反馈制度，把考核的结果及时反馈给被考核地区，提高考核工作的透明度，帮助被考核的地区和单位查找工作中存在的问题。建立群众举报和核实奖励制度。组织协调人大、政协、新闻单位等积极参与考核工作，为考核工作营造良好的舆论氛围。

（四）正确运用考核结果

要把考核与指导工作结合起来。要充分运用考核调查中了解和掌握的情况，及时反馈和沟通，对被考核地区的工作进行深入的分析和研究，提出有针对性的意见和建议。力戒一些地方考核工作中的“重处罚轻指导”的现象。要把考核结果和统计工作有机结合起来。进行有针对性的分析，正确指导经常性的工作。

（五）加强项目管理

要不断加大推行项目管理的力度，指导和帮助各地规范项目管理的基本要求和工作方式，探索项目管理的指标体系，形成比较规范的项目文本，对项目工作情况进行经常性的考核评估。要逐步实现考核评估内容和指标的分流，依据不同时期的工作重点，明确哪些指标纳入目标管理，哪些指标纳入项目管理，哪些指标实行定量考核，哪些指标实行定性评估，形成目标管理与项目管理相结合、定量考核与定性评估相结合、与稳定低生育水平的要求相适应的人口和计划生育综合考核评估体系，引导人口和计划生育工作不断健康发展。

什么是依法行政

依法行政，是指各级政府及其工作人员应当在法律和法规规定的范围内活动，不得超越法律或者法规的规定擅自行事。具体来说：行政机关在制定规范、实施立法活动等抽象行政行为时应做到依法行政、符合法律优先的要求；行政机关在作出决策以及具体行政行为时应遵循依法行政原则，行政机关及其工作人员的行政行为必须有明确的法律依据，必须体现权、责统一的原则，不仅要遵守或依据实体法，也要遵守程序法，所有违法行为必须予以撤销或改变；一切行政行为都要自觉接受人民群众的监督。

根据依法行政的工作原则，计划生育行政机关及其工作人员的一切行政行为都要自觉接受人民群众的监督，不仅要求计划生育行政机关在制定规范、实施立法活动等抽象行政行为时应做到依法行政，而且计划生育行政机关及其工作人员的行政行为必须有明确的法律依据，必须体现权、责统一的原则，既要遵守或依据实体法，也要遵守程序法。

同时，为了保护计划生育行政部门及其工作人员依法行政，《中华人民共和国人口与计划生育法》第四条规定，计划生育行政部门及其工作人员依法执行公务受法律保护。

依法行政的基本原则是什么

1. 职权法定原则。这包含三层含义：（1）法无明文规定不可为。行政机关的行政管理活动，必须以法律为准绳，在法律授予的职权范围内行使职权，行政机关不能为自身设定职权，如法律未授予计划生育行政部门强制执行权，社会抚养费的强制执行必须申请人民法院执行。（2）越权无效。即行政机关行使职权不能超出法律规定的权限，否则无效。对行政机关而言，法律法规规定的权限，是行政机关行使职权的最大边界；对公民而言，法律法规禁止的行为，是公民行使权利的最大限制。（3）失职违法。对行政机关而言，法定职责必须履行，不得放弃，也不得让渡，否则就是失职。对公民而言，法律法规规定的权利，公民可以行使，也可以放弃。

2. 程序优先原则。程序优先是现代行政法制发展的趋势之一，体现了以人为本，群众的权益优先，保护群众的根本利益。程序不是简单的方法问题，不能认为只要“出发点是好的”，方式方法不当可以原谅。程序违法无效，即法律、法规、规章规定的程序，不得违背，违背法定程序作出的行政行为，包括执法文书的不规范，与违反法律实体内容的行为一样是无效的。特别应当强调，行政机关作出行政行为时，必须让行政相对人有陈述、申辩意见的机会，否则所作出的行为就缺乏正当性，也可能导致无效。

3. 公正、公开原则。要求行政机关遵循职权法定，做到程序合法，最终必须体现为行政结果的公正。所谓公正，指对行政管理相对人不论其地位、身份高低都必须平等适用法律；凡与自己有利害关系的，必须回避；行政机关及其执法人员不得从执法中得到利益好处，即其工资、福利不得同执法相挂钩。从依法行政角度，公开包括：政府信息要公开、行政活动过程必须公开、行政决定（即行政机关制定的行政法规、规章、规范性文件等）必须公开，让公众了解，避免暗箱操作，从而接受监督。未经公开的行政决定，不对公民、法人和其他组织产生效力。

4. 权利救济原则。公民、法人和其他组织认为自己的人身权、财产权因行政机关的行政行为受到侵害，可向有权受理的国家机关提出并要求解决。予以法律救济的方式主要有：行政复议、行政诉讼、国家赔偿、民事诉讼。按照我国现行法律规定，公民权利的救济主要有两个方面：一是申请行政复议或者依法向法院提起行政诉讼；二是一旦确定行政机关的行为侵害了公民的合法权益，行政机关要承担赔偿责任。此外，还有通过申诉、信访、行政监察等渠道反映意见，以维护公民的合法权益。

为什么在计划生育中实行依法行政制度

依法治国，是我国宪法提出的根本要求，是我党十五大确定的治国方略。依法推行计划生育，不仅是计划生育部门义不容辞的责任，而且是维护社会稳定和政府形象的政治任务，对于规范计划生育行政执法机关及其执法人员的行政行为，文明执法、公正执法，维护行政管理相对人的合法权益，提高依法行政水平，树立计生队伍的良好形象有着重要作用。计划生育原有的管理模式和运行机制，是在长期计划经济的大环境中形成的，主要依靠行政手段和社会制约措施来实现。随着社会主义市场经济的发展和完善，已不适应形势的要求。坚持计划生育依法行政，对于促进计生部门及其工作人员严格依法行使手中的权力，依靠法律的严肃性、管理的规范性解决行政管理中的随意性、盲目性，依法维护广大人民群众的合法权益，实现规范管理和优质服务，树立计生工作人员的良好形象，加强廉政建设，密切党群关系、干群关系，提高计生人员的法律水平和整体素质，引导教育人民群众增强法律意识和遵纪守法观念，维护正常的生育秩序有着重要的作用。同时，也有利于用法律手段调整和理顺相关部门在计划生育工作中的职责，以实现对人口与计划生育问题的综合治理，从根本上保证控制人口数量，提高出生人口素质，改善人口结构，稳定低生育水平目标的实现。

如何推行计划生育依法行政工作

推行依法行政，必须着眼于三个加强：

1. 加强各类培训，提高计生干部自身的政治业务素质。

搞好计划生育依法管理、依法行政，核心问题是加强行政执法，而执法水平的高低直接取决于计生队伍的政治素质和业务素质。如果计生干部不懂法，就根本谈不上很好地去执行。因此应该把提高计生干部自身的政治业务素质作为依法行政的切入点，把计生干部的政治学习、业务培训作为一件大事来抓。一要抓好政治培训，认真学习贯彻中央人口资源环境工作座谈会精神，全面准确地领会其实质。同时，要利用业余党校和人口学校等阵地对基层计生干部进行宗旨教育，人口理论和基本国策及基本国情的教育，并深入开展党性党风教育，树立计生行业新风。二要抓好业务培训。除了组织计生干部认真学习《人口与计划生育条例》、《流动人口计划生育管理办法》和“七个不准”的规定等计划生育专业法律及行政规章外，还要聘请法院、检察院、司法等专业法律执法人员辅导学习《行政诉讼法》、《行政处罚法》、《行政复议法》、《收养法》等法律法规。通过培训，提高广大计生干部的政治思想和业务水平，增强计生干部的服务意识和依法行政、依法管理的自觉性。

2. 加强宣传教育，不断提高广大育龄群众的知法、守法意识，自觉接受计划生育管理。

要充分借助广播、板报、专栏、传递袋等多种宣传载体，通过计生专题文艺演出或举办短期流动人口计划生育学习班等多种形式，开展集中和进家入户计划生育宣传教育活动，以加强对流动人口的计划生育宣传教育力度，使《人口与计划生育条例》、《流动人口计划生育管理办法》等政策、法规以及“三优”、避孕节育、生殖健康保健知识等，使其深入人心，家喻户晓。这样，既可以教育育龄群众，又能提高育龄群众执行计划生育政策的自觉性，强化育龄群众的责任感，使其在计生管理中，逐步由“被动接受”向着“主动参与”方向转变。

3. 加强联合执法机构和队伍的协作，加大处罚力度，维护地方法规的严肃性。作为地方法规，都对违反规定的行为明确了法律责任。但从近几年的实践看，由于机构队伍和人财物等诸多方面因素的制约，造成执法状况十分苍白无力，使地方法规受到严重挑战。有鉴于此，必须设立常设联合执法机构，以公安为主，劳动、计生、城管、街道等有关职能部门参加，各办事处（管区）设立分支机构和足够数量的巡检队伍，加大日常巡检力度，进行综合执法，以增强人们自觉遵守法规的意识，确保地方法规的严肃性和全面实施。

第五章 计划生育工作方法

计划生育工作方法有什么特点

计划生育工作具有极为重要的战略意义，这决定了在计划生育工作中必须选择和运用适合其特点的措施、方法。从我国现阶段的国情出发，结合人口问题的现实状况，计划生育工作方法必须有利于党和国家提出的人口控制目标的实现。计划生育工作方法要有自身的特点，以适应计划生育工作的进行。它主要有以下几个特点：

1. 强调晚婚、晚育，立足少生、优生、优育

晚婚、晚育、少生、优生、优育是计划生育工作的基础要求。晚婚是指青年男女按法定结婚年龄（男 22 周岁，女 20 周岁）推迟到男满 25 周岁、女满 23 周岁结婚。晚育是指根据国家有关规定，育龄妇女 24 周岁以后开始生育。少生是我国现阶段控制人口的中心任务，指一对夫妇生育子女的数量。我国提倡一对夫妻生育一个子女；符合法律、法规规定条件的，可以要求安排生育第二个子女，但无论什么情况都不能生育第三胎；少数民族也要实行计划生育。优生、优育是提高人口素质的基础，必须严禁直系血亲和三代以内旁系血亲结婚，杜绝患有各种遗传性疾病的人生育。计划生育工作方法要严格遵循以上要求，尤其要抓好“少生”这个关键环节。达到这个目的，主要靠说服教育。因此，要特别重视宣传教育的方法，加强其说理性和针对性。

2. 控制人口数量，提高人口素质

人口数量和人口素质的统一构成了人类社会，它们又会随着社

会的发展而增加和提高。两者既相互联系，相互依存，又彼此制约、互为影响。在我国，目前在人口数量和人口素质之间还存在着很大矛盾，突出地表现为人口数量太大，而人口素质不高。如何解决这个问题，是计划生育工作所面临的一个重大课题。为解决这个矛盾，必须控制人口数量，减缓其增长速度，以便为提高人口素质提供必要的经济、社会和文化条件。计划生育工作的最终落脚点，就是要有效地控制人口的增长，实现生育的有计划性，进而实现人口素质的提高。

3. 国家指导和群众自愿相结合

国家指导与群众自愿相结合，是中国实行计划生育始终坚持的一条重要原则，也是中国计划生育事业取得成功的根本保证。国家指导主要表现在，中央和地方政府根据国情民意并通过立法程序，制定控制人口增长、提高人口素质、优化人口结构的政策法规；制定宏观人口发展计划，并将其纳入国民经济和社会发展的总体规划之中；把人口与计划生育工作列入政府的重要议事日程，组织协调各有关部门和群众团体制定并实施人口与计划生育方案，提供必要的资金和条件，保证人口与计划生育事业的需要；通过向全民进行广泛深入的宣传教育，为所有夫妇和个人提供生殖保健、避孕节育、优生优育等方面的指导和服务，以满足所有夫妇和个人合理安排家庭生育计划的需求。

群众自愿主要表现在：所有夫妇和个人在国家的有关政策和法规的指导下，实行家庭生育计划的权利得到保护和尊重。夫妇和个人在行使其生育权利时，要考虑到对国家和社区的责任和义务，以及家庭和每个成员的健康和幸福。夫妇和个人在获得有效的信息、咨询和服务的基础上，根据其年龄、健康、工作以及家庭经济状况，负责任地、有计划地安排怀孕和生育，并选择适宜的避孕节育方法，以生育健康的孩子，建立文明、幸福的家庭。

4. 整体推进与分类指导相结合

在计划生育工作中，坚持党的实事求是的思想路线，根据不同地区、不同民族、不同人群的实际情况，允许各地制定不同的生育政策。同时，根据不同时期的人口变动情况，及时调整国家的人口计划。充分发挥生育政策和人口计划的调节作用。在对各地工作的指导和要求上，有所区别，有所侧重，不搞一刀切。注意在不同地区发现和培养工作典型，大力宣传典型的先进经验，充分发挥典型的示范引导作用。

5. 坚持“三不变”，落实“三为主”，实行“三结合”，实现“两个转变”

坚持“三不变”，落实“三为主”，实行“三结合”，实现“两个转变”，形成“一个机制”，这是有中国特色综合治理人口问题道路的核心内容，是三十多年来人口和计划生育工作基本经验的概括和总结，是在马克思主义人口理论、特别是党的三代领导集体有关论述指引下，人口和计划生育工作与时俱进、开拓创新的产物。

计划生育“三为主”工作方针是指什么

计划生育工作“以宣传教育为主、避孕节育为主、经常性工作为主”的方针既为“三为主”工作方针。这一工作方针是胶东地区广大干部群众在多年的工作实践中总结出来的。1983 年，国家计生委把“三为主”确立为计划生育工作的基本方针并向全国推广，开创了计划生育工作的一个新的发展阶段。20 世纪 90 年代中期，国家计生委审时度势，及时提出到 20 世纪末全国基本实现“三为主”的奋斗目标。经过全社会的共同努力，我国如期实现了这一目标，人口再生产类型发生了历史性的转变，人口和计划生育工作进入了稳定低生育水平的新时期。“三为主”方针在过去 20 年计划生育工作中发挥了重要作用，作出了突出贡献。这一方针不仅为中国特色综合治理人口问题道路的形成起到了奠基性的作用，而且也为计划生育管理体制改革指出了发展方向。

计划生育“三不变”具体指什么

计划生育“三不变”是指党政一把手亲自抓、负总责不变；现行计划生育政策不变；既定的人口控制目标不变。

（一）坚持党政一把手亲自抓、负总责

1. 党政领导干部，特别是一把手对人口和计划生育工作的认识程度如何，决定这项工作在全局工作中的位置和推动力度。在过去几十年的实践过程中，正是在马克思主义人口理论和党中央三代领导核心关于人口和计划生育思想指导下，各级党政领导关于人口与经济社会协调发展和可持续发展的观念逐渐形成并不断强化，把人口问题放在首要位置，把协调发展和可持续发展作为决策的重要前提，保证了各项决策的科学性、前瞻性，减少了盲目性和主观臆断，使科学决策成为促进生产力发展的重要方面。面向新世纪，各级党政领导必须坚持用马克思主义人口理论武装头脑，深刻理解我国人口和计划生育工作的丰富内涵和伟大意义，自觉把人口和计划生育工作放到重要位置，为广大干部群众树立正确的导向，为促进先进生产力的发展提供重要保证。

2. 继续坚持人口和计划生育工作目标管理责任制。人口和计划生育工作目标管理责任制是在长期实践中总结出来的，加强人口和计划生育工作的行之有效的措施。在新的形势下要进一步健全和完善。要对各级党委政府、相关部门和计划生育部门实行分线考核，进一步强化主要领导亲自抓、负总责的责任，同时动员社会各部门各负其责，齐抓共管。各级计划生育部门要当好党委政府的参谋助手，发挥好组织协调的职能，努力形成综合治理人口问题的工作格局，确保责任、措施、投入三到位。人口和计划生育工作作为一项具有显著社会效益的公益性事业，需要各级党政领导采取切实可行的措施，在人员、经费、政策等方面予以保障。

（二）坚持现行的生育政策

稳定现行的生育政策，有利于今后在条件成熟时对生育政策的微调。面对社会主义市场经济条件下计划生育工作出现的新情况、新问题，需要不断完善针对特定人群，如流动人口，移民人口，进入小城镇的农业人口，涉外、涉台港澳结婚人群以及再婚人群等的生育政策。稳定是基础，没有在现行政策下所形成的相对稳定的人

口增长，对今后生育政策的适时、适当调整也将是不现实的。应该说，我国现行生育政策中夫妇双方均为独生子女的可以生育两个孩子的自然过渡政策，就是在现行政策的基础上对生育政策的进一步完善和发展。

（三）坚持既定的人口控制目标

根据国民经济和社会发展的总体规划，我国相应制定了人口发展的目标。

1. 到2005年、全国人口总数控制在13.3亿以下（不含香港特别行政区、澳门特别行政区和台湾省），人口年平均自然增长率不超过9‰。全面推行医疗卫生和生殖健康服务，开展避孕措施的知情选择，孕产妇死亡率降低到42/10万左右，婴儿死亡率降低到31‰左右。巩固和提高九年义务教育成果，重点加强贫困地区和少数民族地区普及九年义务教育工作，城市和有条件的农村地区基本满足高中阶段教育的社会需求，初中毛入学率达到90%以上，高等教育毛入学率进一步提高。在城镇和有条件的农村地区初步建立社会保障制度。

2. 到2010年，全国人口总数控制在14亿以内，人民生活更加宽裕，人口素质明显提高，全国人口受教育年限达到发展中国家先进水平，群众享有基本的医疗保健和生殖健康服务，普遍实行避孕措施的知情选择，出生性别比趋于正常。努力解决人口老龄化带来的问题，初步建立覆盖全社会的社会保障制度。

3. 到2020年，全国总人口控制在15亿以内，出生人口素质显著提高，基本解决出生婴儿性别比偏高的问题；育龄群众享有更加优质的计划生育/生殖健康服务，全面实现避孕节育措施的“知情选择”；在全社会形成科学文明的婚育观念和生育文化，使计划生育真正成为群众的自觉行为；建立健全完备的人口和计划生育政策法律体系、完善的有利于计划生育的社会保障制度和高效的工作运行机制，为全面建设小康社会创造良好的人口环境。

4. 到21世纪中叶，全国人口总量在达到峰值（接近16亿）后缓慢下降。人口素质和健康水平全面提高，高中阶段教育和高等教育大众化。建立起完整高效的社会保障制度。人口分布和就业结构比较合理，人口城市化水平大幅度提高。人民生活富裕，人均收入达到中等发达国家水平，社会文明程度显著提高，基本实现人口与经济、社会、资源、环境协调发展和国家现代化。

计划生育“三结合”的内容是什么

计划生育“三结合”是指计划生育工作与发展经济相结合、与帮助群众劳动致富相结合、与建设文明幸福家庭相结合。

1. 计划生育工作与发展经济相结合。这一结合反映了“两种生产”必须相互适应、相互协调的客观规律的要求，强调计划生育工作必须服从服务于经济建设这个中心。只有坚持发展生产力，促进经济和社会的全面发展，才能从根本上解决人口问题。只有坚持人口和发展综合决策，把人口和计划生育工作纳入经济和社会发展的总体规划，才能促进人口与经济、社会、资源、环境协调发展，达到提高综合国力和人民生活水平的目的。事实表明，计划生育工作同发展经济相结合，得到了各级党委、政府的高度重视，得到了各相关部门的积极配合，也得到了全社会的广泛支持，从根本上改变了过去那种仅就计划生育抓计划生育而形成的计划生育部门唱独角戏的困难境地，使计划生育工作走上综合治理、协调发展的道路。

2. 计划生育工作与帮助群众勤劳致富奔小康相结合。这一结合体现了计划生育工作目标与我国经济和社会发展战略目标的一致性，强调计划生育工作必须贴近广大群众脱贫致富的强烈愿望。在我国，农业是国民经济的基础，增加农民收入、促进农村经济发展和保持农村社会稳定是事关全局的大事。计划生育工作同帮助群众勤劳致富奔小康相结合，通过为实行计划生育的家庭提供生产、生活、生育方面的服务，传授科技知识和致富信息，给予政策、资金、项目等方面的优惠，让这些家庭尽快富裕起来。既抓住了农村经济工作的重点，又与群众的切身利益密切相关，因此得到了农村基层干部和广大群众的拥护和支持，激发了广大群众少生快富奔小康的积极性。也由于人口的有效控制，我国在20世纪末实现了人民生活基本上达到小康水平的奋斗目标。

3. 计划生育工作与建设文明幸福家庭相结合。这一结合融入了物质文明建设和精神文明建设两个方面内容，强调计划生育工作必须着眼于人的全面发展和家庭的文明幸福。通过大力倡导尊老爱幼、男女平等、夫妻和睦、勤俭持家、邻里团结的家庭美德，引导群众树立科学、文明、进步的婚育观念，提高每个家庭成员的思想道德素质和科学文化素质，促进了人的全面发展。计划生育工作与建设文明幸福家庭相结合，密切了同群众的感情，使计划生育工作更容易为群众理解和接受。同时，建设文明幸福家庭同农村社会主义精神文明建设的目标、任务是一致的，因此这项工作得到各级党委、政府的重视，调动了各相关部门和广大干部的积极性，成为全社会共同实施的社会工程。

怎样才能有效地推进计划生育“三结合”

1. 党委、政府要把“三结合”作为一项重要职责，切实承担起统筹规划、政策引导、组织协调、检查督促、搞好服务的责任。“三结合”涉及经济、科技、教育、文化、卫生、妇女、精神文明、社会保障等各个方面，是一项社会系统工程。只有在党委、政府的统一领导下，协调相关部门齐抓共管，“三结合”工作才能落到实处。各级党委、政府要把“三结合”纳入国民经济和社会发展的总体规划，纳入农村社会主义精神文明建设的总体规划，纳入人口和计划生育工作目标管理责任制，努力为“三结合”创造良好的政策环境。

2. 紧紧依靠相关部门，密切配合，齐抓共管。实行计划生育“三结合”，为协调有关部门综合治理人口问题找到了一条途径，涉农部门要采取小额贷款、项目优先、科技扶持、政策优惠等措施，帮助计划生育农户增加经济收入，解决实际困难，提高社会经济地位。要把“三结合”工作同“婚育新风进万家”活动、开展计划生育优质服务活动、妇女“双学双比”活动、共青团服务万村活动、科技文化卫生“三下乡”活动、救助贫困母亲的“幸福工程”活动和救助计划生育困难家庭活动等紧密结合起来一起进行，使群众获得切实的经济、政治、文化利益。

3. 广泛动员和组织群众参与“三结合”。实行计划生育“三结合”，必须坚持从群众中来、到群众中去的群众路线。要使农民群众看到实行“三结合”给他们带来的切身利益，自觉地参与到“三结合”活动中来。要通过多种形式把群众组织起来，增强他们参与发展经济和市场竞争能力。要特别重视妇女的参与，使她们在参与各项经济活动过程中，不断提高自身的经济地位、家庭地位和社会地位。要重视发挥计划生育协会在“三结合”工作中的作用，支持他们利用群众组织的优势开展工作。

4. 人口和计划生育部门要积极参与和促进“三结合”工作。各级计划生育部门要当好党委、政府的参谋和助手，积极争取党委、政府和有关部门的支持，及时总结经验，反映情况，为领导决策提供服务。要充分利用基层计划生育网络健全的优势，配合有关部门把“三结合”的各项政策和措施落到基层。要不断研究新情况，发现新问题，总结新经验，在实践中贯彻落实好“三个代表”的重要思想，推动“三结合”不断向前发展。

计划生育工作思路和工作方法的“两个转变”是指什么

“两个转变”是指由仅就计划生育抓计划生育向计划生育与经济、社会发展紧密结合，采取综合措施解决人口问题转变；由以社会制约为主向逐步建立利益导向和社会制约相结合，宣传教育、综合服务、科学管理相统一的机制转变。

1. 转变政府职能，促进工作思路的转变

市场经济体制的建立和行政管理体制的改革，要求政府转变职能，依法行政，实行政企分开、政事分开，不断强化对公共事业的管理和服务。各级计划生育部门要适应改革的需要，明确职责，管理到位，紧密结合经济社会发展、采取综合措施解决人口问题这一新的工作思路，不断完善工作职能，才能与国家的改革步伐相一致。

贯彻以人为本的方针迫切要求转变观念，提高服务意识。经济的发展和社会的进步，对人的权利、人的全面发展更加关注，对文明、健康、富裕的追求更加迫切。人民群众对生产、生活、生育、生殖健康等方面的服务需求日益增加，对服务质量的要求不断提高。紧密结合经济社会发展、采取综合措施解决人口问题这一新的思路，尊重了人的主体意识和主动精神，有助于克服工作中脱离群众的官僚主义，从而树立全心全意为人民服务的思想。

2. 加强利益导向，促进工作方法的创新

“两个转变”强调工作方法要由以社会制约为主，向逐步建立利益导向与社会制约相结合，宣传教育、综合服务、科学管理相统一的机制转变。这一转变完全符合群众的需要，体现了广大群众根本利益的要求。

所谓行政制约机制，就是政府和有关部门运用政策和经济相结合形成的约束手段，推动人口和计划生育工作健康发展，这一机制在较长时间里发挥了重要作用。所谓利益导向机制，就是党和政府以及单位和组织从人民群众根本利益出发，引导人们实行计划生育，围绕党的中心工作所采取的一系列政策措施。在计划生育利益导向机制中，物质利益导向机制十分重要，但它是物质文明与精神文明相结合的全面导向，是从实际出发的政策措施。

建立社会制约机制与利益导向机制相结合，是市场经济体制下计划生育工作的必然要求。市场经济体制下的利益多元化，增强了人们的利益导向意识和竞争意识，同时引起了人们的评判是非标准等一系列变化，使整个社会心理具有多层次性，反映在生育意愿上，也具有复杂性。建立计划生育利益导向机制，就是在复杂的思想、价值观念中，把握求富的共同心理，运用物质利益的原则，对实行计划生育家庭给予多方面的帮助和照顾，使之在致富的竞争中占据优势，进而引导人们树立正确的生育观念，自觉少生、优生。

建立计划生育行政制约机制与利益导向机制相结合，是人口和计划生育工作本质的要求。人口问题既是一个社会问题，也是一个经济问题。建立行政制约与利益导向机制相结合，把激励和帮助实行计划生育的家庭致富纳入工作内容，也就是把人口和计划生育工作与经济工作融为一体，充分体现人口和计划生育工作的本质属性。只有这样，人口和计划生育工作才能受到广大人民群众的欢迎，得到各级党政领导和有关部门的支持配合，使人口和计划生育工作的路子越走越宽。

实现“两个转变”有什么理论和实践意义

1. 实现“两个转变”，有助于体现党的全心全意为人民服务的宗旨。牢记党的宗旨，造福人民群众必须落实在行动上，尽最大努力保证计划生育工作的方式方法与群众利益的统一。在市场经济条件下，人口和计划生育工作更要充分尊重个人的利益和选择，通过发挥个人潜能，使群众个人利益和国家利益达到和谐。落实“两个转变”可以进一步贴近群众，在群众为国家利益作出贡献的同时，充分考虑群众自身的利益，让实行计划生育的人得到实惠，使少生与致富结合起来，满足人民群众日益增长的物质文化生活需要，实现人民群众利益的最大化，在实践中履行为人民服务这一根本宗旨。

2. 实现“两个转变”，有助于推动全面建设小康社会目标的实现。经过改革开放二十多年的努力，我国经济和社会全面发展，生产力水平上了一个大的台阶，实现了现代化建设前两步战略目标，人民生活达到了小康水平。21 世纪的前 10 年，是我国经济和社会发展的关键时期。完成人口和计划生育工作目标，是全面实现经济和社会发展目标的重要基础和前提。“两个转变”的工作思路与经济发展、社会进步和人们的价值观念、理想追求、生活方式、行为方式及婚育模式的变化相一致，与全面建设小康社会的要求相一致，人口和计划生育工作必须以改革创新的精神，建立起一套新的运行机制，更好地适应市场经济的要求，以转变工作思路和工作方法，求得更大发展。

3. 实现“两个转变”，有助于克服“三个认识不足”。“三个认识不足”突出表现在将人口再生产与物质资料再生产割裂开来，抓经济发展，忽视人口控制，在制定综合发展规划、相关社会经济政策、部署工作时，忽视人口问题，导致具体政策措施缺位，使得人口和计划生育工作的发展缺乏制度保证，缺乏相关衔接的政策措施和有效的综合协调机制。落实“两个转变”，转变了单就计划生育抓计划生育的片面性，解决了与经济、社会发展脱节的问题，突出了齐抓共管，综合治理，使人口和计划生育工作成为全社会的共同责任。

什么是计划生育群众路线

计划生育群众路线，是指在马克思列宁主义、毛泽东思想、邓小平理论和“三个代表”重要思想的指导下，坚持党的群众路线，认真实践全心全意为人民服务的宗旨，切实维护人民群众的合法权益，尊重人民群众在人口与计划生育工作中的主人翁地位，以群众拥护不拥护、赞成不赞成、满意不满意、答应不答应作为衡量工作得失成败的重要标准，采取多种措施动员和吸引群众参与到计划生育实践中来，充分发挥计划生育协会等群众团体、社会中介组织和志愿者在计划生育工作中的积极作用，帮助群众解决在实行计划生育过程中遇到的实际困难，建立和完善有利于计划生育的利益导向及包括农村养老、医疗保险和最低生活保障制度在内的社会保障机制，真正使计划生育家庭在社会上有地位，经济上有实惠，生活上有保障。

为什么要坚持计划生育群众路线

坚持计划生育群众路线是党的性质的体现，是党的宗旨的根本体现，是“三个代表”重要思想的根本体现，是人口与计划生育工作的力量源泉，也是新时期人口与计划生育工作深入发展的根本保证。

1. *群众路线是党的根本工作路线*

群众路线是中国共产党的根本工作路线。这是由党的全心全意为人民服务的宗旨决定的。中国共产党作为中国革命和建设事业的领导核心，之所以屡经磨难而不衰，始终站在时代前列，根本的一条，就是党始终保持着同人民群众的血肉联系。历史经验证明，群众路线、群众观点是我们党的优良传统，是克敌制胜的法宝。计划生育是我国的一项基本国策，计划生育工作必须继承和发扬党的密切联系群众的优良传统，充分相信和依靠群众，坚持党的群众路线。

2. 坚持计划生育群众路线是在人口与计划生育工作中贯穿“三个代表”重要思想的根本要求

在“三个代表”的辩证关系中，先进生产力是基础，是前提，决定着先进文化的形成和发展；先进文化反映着先进生产力的发展水平和要求，并对生产力发展起着巨大的促进作用。无论是发展先进生产力，建设社会主义物质文明，还是推进先进文化，建设社会主义精神文明，目的都是为了不断实现最广大人民群众的根本利益。“三个代表”重要思想的核心，是为人民服务。

做好人口与计划生育工作，代表着最广大人民群众的根本利益。计划生育工作是亿万群众直接参与的伟大事业，是把国家利益和群众利益统一起来，把长远利益和现实利益统一起来的基本国策。因此，在实际工作中，必须充分尊重群众的主人翁地位，全心全意为人民服务，以群众的满意程度作为检验工作的标准，积极推行优质服务、知情选择，注重帮助群众发展经济、脱贫致富、建设文明幸福家庭，积极建立利益导向机制和社会保障机制，解除群众的后顾之忧。

3. 坚持计划生育群众路线是保证人口与计划生育工作顺利完成的坚实基础

我国实行计划生育既是为了国家的利益，又是为了人民的利益，归根结底是为了人民的利益。实行计划生育涉及千家万户，与广大群众的切身利益息息相关，政策性强、任务重、难度大。要想作出既符合全国人民总体利益，又能维护和表达人民群众切身利益的正确决策，使广大群众真正理解、支持计划生育工作，并变成群众的自觉行动，就必须在实际工作中坚持党的群众路线，从群众中来、到群众中去，努力做好群众工作。这既是领导者科学决策的正确途径，又是实现计划生育目标的重要保证。

4. 坚持计划生育群众路线是计划生育工作深入发展的根本保障

实行计划生育是婚姻、家庭、生育领域里的一场思想革命。我国几千年封建社会遗留下来的传宗接代、多子多福的思想根深蒂固，转变生育观念是一项长期艰巨的任务。经过几十年的努力，我国计划生育已经取得了很大成绩。但是应该看到，现阶段低生育水平在较大程度上是依靠行政手段和社会制约机制实现的，群众的生育观念并没有根本转变。为了巩固和发展已经取得的计划生育成果，提高计划生育工作水平，我们必须坚持“三不变”，落实“三为主”，推行“三结合”，实现工作思路和工作方法的“两个转变”。必须坚持党的群众路线，进一步加强群众工作，不断满足群众在计划生育和生殖健康方面日益增长的需求，强化服务意识，寓管理于服务中，真正确立群众是计划生育主人的思想。

计划生育群众路线的组织形式有哪些

计划生育群众路线的组织形式有计划生育协会、中国人口学会、中国人口福利基金会、中国人口文化促进会、中国人口记者协会等。

什么是计划生育协会

计划生育协会是依据国家有关法律、法规成立，经民政部门注册，在党的领导下，以协助政府动员广大群众自愿实行计划生育，推动人口与经济、社会、资源、环境协调发展和可持续发展为主要任务的不以营利为目的社会团体。是党和政府联系广大育龄群众的桥梁和纽带，是协助政府动员广大群众参与计划生育工作的一种很好的组织形式。

各级计划生育协会，都是由热心计划生育事业的广大志愿者和育龄群众中自觉实行计划生育的积极分子所组成，大家参加计生协会的目的都是为了为广大育龄群众服务，推动我国计划生育工作健康发展，为社会主义现代化建设创造良好的人口环境。

计划生育协会作为一个社会团体，同工会、共青团、妇联、科协、文联等其他群众团体一样，具有社会性、民主性、自治性、规范性等特点，它是广大成员按照平等自愿的原则组织起来的，并有一定的组织机构、章程、成立及终止程序等，形成计划生育协会成员之间一定的权利义务关系，从而把成员有机地联系起来，成为活动于社会上的社会团体。

根据民政部、国家计生委 1992 年 6 月联合发出的通知的规定，县级以上计划生育协会都应当向本级民政部门登记，乡镇、城市街道计划生育协会可在县级计划生育协会履行登记时，由县级计划生育协会办理备案手续，不再另行登记；村、居委会计划生育协会可直接在乡（镇）、城市街道计划生育协会指导下开展活动，不须进行社团登记。

在人口与计划生育事业中，计划生育协会是坚持计划生育群众路线最重要也是最有效的组织形式之一。

计划生育协会的工作目标是什么

计划生育协会的工作目标是：

1. 协助政府贯彻落实国家的计划生育政策、法规以及计划生育方案；

2. 依法维护适龄群众在计划生育和生殖健康方面的合法权利；

3. 提供生殖健康的信息和服务，提高他们知情选择避孕方法的能力；

4. 致力于杜绝不安全的人工流产；

5. 确保在提供服务和信息时，对服务对象没有歧视，不因服务对象无支付能力而拒绝服务。

计划生育协会的工作任务是什么

计划生育协会的工作任务是：

1. 发动会员在控制人口数量，提高人口素质，稳定低生育水平，促进优生优育优教中起带头作用；

2. 宣传国家计划生育的方针、政策和法律、法规，宣传人口科学理论，弘扬先进的人口生育文化，普及计划生育和性与生殖健康等知识；

3. 协调社会力量，为群众提供生育、生产、生活服务，发展人口福利事业，帮助群众解决实行计划生育的实际困难；

4. 履行民主参与和民主监督职能，反映群众在计划生育和生殖健康等方面的意愿与要求，维护群众的合法权益；

5. 对内交流工作经验，对外开展国际交流与合作。

计划生育协会的工作形式有哪些

（一）中国计划生育协会志愿者的工作与服务

中国计划生育协会广大会员志愿开展的计划生育/生殖健康活动，遍及全国城乡各地。会员是不分年龄、性别、文化、职业、民族、宗教、收入等各行各业的人士。各级协会的会长都是德高望重的人士。

志愿者的使命归纳为：组织群众自我教育，自我管理，自我服务。他们充分发挥自己的优势与特长，带头实行计划生育，积极传播计划生育/生殖健康知识，为群众提供避孕、优生、优育、健康、生产和生活技能等方面的服务。他们为社区树立了榜样，把计划生育/生殖健康作为自己工作和组织的目标。

（二）中国计划生育协会基层教育

1. 生殖健康教育：是各级协会最重要的工作。基层协会利用

“会员之家”、“人口学校”，根据不同年龄群众的需求，分别讲授青春期、新婚期、孕产期、更年期和母乳喂养等科学知识。课题包括生殖生理、卫生保健、避孕方法、晚婚晚育、优生优育。

2. 专业技术培训：为了帮助各级协会志愿者不断提高专业技术水平和项目管理技能，举办培训班和研讨会是一部分常规活动。国家协会和省级协会在国际组织的帮助下，组织部分工作人员参加国外的专业培训班；为地方协会编发专业培训教材和新项目工作指南，培训师资；召开工作研讨会或经验交流会，相互学习，取长补短；指导地方协会一级抓一级，逐级进行培训，基层协会培训到会员小组长和会员。每年约有 4000 万名协会志愿者和工作人员接受专业技术和管理技能培训。

3. 大众传媒：利用大众传媒传播计划生育/生殖健康知识，是各级协会重要的宣传手段。县以上各级协会号召在广播电视、报刊杂志、出版印刷界的志愿者起到教育者的作用，发挥自己的特长和利用工作的方便条件，宣传计划生育/生殖健康知识，宣传计划生育协会的工作和先进志愿者的事迹。基层协会通过社区有线广播、闭路电视、黑板报、标语等进行宣传。

4. 社区活动：基层协会组织会员深入开展“我为协会尽责任，我为国策作贡献”活动。利用节假日和当地的集市、集会等，为群众演出自编自演的文艺节目；组织育龄群众家庭和青年人参加的运动会，计划生育知识竞赛；请懂政策和专业知识的志愿者，为群众提供有关计划生育/生殖健康方面的咨询；将避孕和生殖健康方面的宣传材料送到各家各户，倡导婚育新风，不失时机地宣传和推行计划生育。

此外，还包括生活技能培训、青少年健康知识教育、预防艾滋病等传染病知识教育。

（三）中国计划生育协会社会公益服务农村发展项目

改善妇女地位：十几年来，中国计划生育协会指导地方各级协会，在农村广泛开展了“帮助妇女增加收入、妇幼保健与计划生育相结合”项目。县以上协会的志愿者积极争取农业、商业、外贸等有关部门的支持，为妇女联系容易参加的蔬菜种植、家禽养殖和食品、编织、刺绣等加工项目。基层协会组织妇女学习生产技术，指导妇女进行生产；基层卫生工作人员定期为她们进行健康检查，传授妇幼保健、避孕节育知识。从1994年开始，中国计划生育协会与中国人口福利基金会、中国人口报社，共同发起了以救助贫困母亲为宗旨的“幸福工程”活动，从国内外募集了大批资金，支持更多妇女参加到创收活动中来。

社会保障：中国的社会保障事业还处在初级发展阶段，儿童和无业居民、广大农民看病的费用大部分靠家庭支付，老人也主要靠家庭养老。为了有利于解除群众实行计划生育的后顾之忧，各级计划生育协会与各级保险公司合作，采取保险费个人缴一点、社区拿一点、政府帮一点的办法，开办了涉及儿童、待产、节育等人群看病、人身安全和计划生育夫妇养老等十多个险种。

（四）中国计划生育协会的倡导行动

《中国计划生育协会章程》规定，中国计划生育协会的使命，就是鼓励人民群众自觉按照国家计划生育政策和法规，规范自己的生育行为，维护广大育龄群众的合法权益。

国家和地方各级决策机构都认识到，计划生育协会参与和监督计划生育政策法规的制定与实施，是十分必要和重要的。各级协会中有的理事是人大代表或政协委员，有的理事是政府计划生育工作顾问组成员，他们在参与制定政策、立法中能充分反映群众的意见和呼声。省级政府在修订人口与计划生育条例时，请计划生育协会的领导成员参加。县、乡级政府在进行计划生育重要决策前，也重视听取计划生育协会的意见。城乡基层协会在村民自治中发挥骨干作用，通过协会的网络广泛收集群众的意见和建议，协助村委会制定《计划生育公约》，监督计划生育优惠政策和服务措施的落实，对工作粗暴、搞不正之风和侵犯群众合法权利的行为，及时向上级职能部门反映，为合情合理地实行计划生育，协助政府工作人员提高依法行政水平，密切政府同人民群众的关系，促进妇女和男人们知情选择和积极参与计划生育，发挥了重要作用。

计生协会“双创”的内容是什么

计生协会“双创”内容是：创建合格村计生协会，争创一流村计生协会。

一流村计生协会的标准是什么

一流村计生协会必须在实现合格村计生协会的基础上提高水平，其标准如下：

1. 必须是连续三年的合格村计划生育协会。

2. 村计生协会在党支部和村民委员会的领导下，充分发挥“五大职能”作用，担负起除行政管理之外主要的计生日常工作，使本村的计生工作稳步健康地发展。

3. 协助村两委实现计划生育的村民自治，推行村民避孕节育措施的知情选择。

4. 协助村两委落实计划生育利益导向政策比较好，多数计生户的人均收入在本村（居）人均收水平以上。

5. 计生协会在协助村两委搞好计划生育的同时，还能在发展经济、社区服务、思想政治工作、民主法制建设和社会主义精神文明建设等方面发挥作用。

合格村计生协会的标准是什么

（一）组织健全

1. 有一位有威信、有能力、热心计划生育事业的会长。

2. 有一个结构合理、有活力的理事会。

3. 协会小组普遍建立，大多数小组长能发挥作用。

4. 有一支以“五老”（老干部、老党员、老模范、老职工、老农民）为骨干，育龄群众中的积极分子为主体的会员队伍，会员人数占全村人口10%左右，女会员占会员总数50%以上；大多数会员能起到“管自己、教子女、帮亲戚、带四邻”作用。

（二）制度完善

1. 会议制度：每月召开一次小组长例会（可与计生月例会结合），每年至少两次召开理事会，每年召开一次会员大会或会员代表大会。

2. 工作制度：村（居）协会定期向村（居）两委汇报工作，接受任务；协会在会长领导下，实行理事分工负责制；会长要向小组长布置任务和检查落实情况。

3. 培训制度：每年组织一次小组长和骨干会员培训（或以会代训）。

4. 管理制度：协会要有活动场所，要有活动经费，要有会员联系户和联系网络，要有会员登记簿和会议、活动记录。

（三）活动经常

1. 协会小组每月开展一次活动。

2. 村（居）协会理事、小组长参与对育龄群众“三查两补一治”的宣传和访视活动。

3. 开展形式多样的人口与计划生育的宣传教育，促进群众树立科学、文明、进步的婚育观念。

4. 参与计划生育工作的村（居）民自治和民主监督。

（四）服务良好

1. 搞好生育服务：开展对落实计划生育群众的术前术后和生殖健康服务。

2. 搞好生产服务：积极推进计划生育“三结合”，开展对计生户特别是二女户和独生子女户的重点帮扶，为他们提供生产、技术、市场信息，促使党的各项优惠政策在他们身上得到落实。

3. 搞好生活服务：发动会员为计生户开展形式多样的“手拉手，一帮一”互助、服务活动，为他们排忧解难；协助村（居）

两委逐步建立和完善利益导向和社会保障机制。

4. 积极参与优生、优育、优教活动，努力提高人口素质。

（五）成效明显

1. 积极争取村（居）两委重视和支持，较好地解决协会的必要工作条件。

2. 协助村（居）两委实现计划生育的村（居）自我管理，监督村（居）两委做到人口与计划生育统计数据准确，促进本村（居）成为计划生育合格村（居）或基本合格村（居）。

3. 积极参与民主监督，“七个不准”的规定得到落实。

4. 群众依赖协会，多数理事和小组长成为群众贴心人。

计生协会的“三自”方针是什么

计生协会的“三自”方针是：自我教育、自我管理、自我服务。

计生协会“五参与”的内容是什么

计生协会“五参与”的内容是：参与计划生育的制定和生育证的发放；参与已婚育龄妇女孕情、环情检查；参与新婚登记前有关情况的摸底；参与申请生育对象情况的核实；参与“三结合”工作的开展。

计生协会“五监督”的内容是什么

计生协会“五监督”的内容是：监督本村生育证的发放；监督计划生育政策的落实；监督党员干部及亲属带头执行计划生育情况；监督计生工作人员依法履行职责，促进文明执法；监督节育措施以及出生人口统计的落实。

计生协会“十上门”的内容是什么

十上门：未婚青年订婚时上门，宣传婚姻法，防止早婚；青年男女准备结婚时上门，动员他们要做婚前检查，并及时办理结婚证和生育证；育龄夫妇领取生育证时上门，宣传现行的生育政策和优生优育知识；育龄妇女怀孕时上门，宣传孕期保健常识，做好孕情登记和服务；生育孩子后上门，宣传避孕节育和计生保险，动员落实节育措施和参加投保；落实节育措施后上门，随访并帮助解决一些实际问题；节育措施失败后上门，宣传并动员采取补救办法；查环、查孕前上门，保证查环、查孕措施到位；会员联系户生产、生活困难时上门，帮助排忧解难；送富上门，为联系户发展生产、脱贫致富提供技术、信息、奖金等方面的服务。

计划生育“三查一服务”是指什么

“三查”是指查环、查孕、查病。

“一服务”是指生殖保健服务。

计划生育的“三支队伍”和“两个阵地”是指什么

计划生育“三支队伍”是计划生育行政管理队伍、医技服务队伍和计划生育协会组织。

计划生育“两个阵地”指计划生育技术服务站、所和婚育学校。

计划生育“三栏两室一校”是指什么

“三栏”是宣传栏、读报栏、公布栏；“两室”是计划生育办公室、计划生育服务室；“一校”是婚育分校。

计划生育“五期教育”是指什么

计划生育“五期教育”是指青春期教育、新婚期教育、孕产期教育、育儿期教育和更年期教育。

计生“三户”是指什么

计生“三户”是指二女结扎户，独生子女户，符合政策规定生育的困难户。

合格村“六好”是指什么

队伍建设好，政策落实好，宣传教育好，技术服务好，制度建立好，干群关系好。

计划生育“三关爱”是指什么

以科学发展观为指导推进人口与计划生育工作，是全面建设小康社会、构建社会主义和谐社会的题中应有之义。把以人为本、全面协调可持续的科学发展观落实到人口和计划生育工作的实践中，要求我们从人民群众的切身利益和需要出发，切实树立和坚持人性关爱、人情关爱、人文关爱即“三关爱”的理念，不断创新工作的方式方法。

“三关爱”把不断满足人民群众日益增长的物质文化需求特别是生育健康需求作为根本出发点和落脚点，确立广大人民群众在人口和计划生育工作中的主人翁地位，切实加强新型生育文化建设，促进人民群众自觉树立科学、文明、进步的生育观念，是践行“三个代表”重要思想的具体体现。

“三关爱”把要求群众履行义务同自觉维护群众合法权益统一

起来，把坚持科学管理、引导群众实行计划生育同提供优质服务、帮助群众解决实际困难统一起来，推动人口和计划生育工作重心由控制人口数量为主向稳定低生育水平、关注人口安全、促进人的全面发展转变，有利于解决实际工作中存在的矛盾和问题，促进人口与经济、社会、资源、环境的协调发展，是树立和落实科学发展观的具体体现。

“三关爱”将过去的单纯管理拓展为全方位、多领域的服务，寓计生工作的行政管理于服务之中，实现了人口和计划生育工作方式方法的转变，适应了新形势、新任务对人口和计划生育工作的现实要求，是人口和计划生育工作转变职能的具体体现。

计划生育“三下乡”活动包括哪些内容

为促进农村改革发展，建设社会主义新农村，构建和谐的生育环境，大力弘扬新型生育文化，全面普及生殖健康、优生优育、妇幼保健科普知识，提高广大农民的科学文化素质和健康素质，国家人口与计划生育委员会启动了计划生育“三下乡”活动，主要内容包括：

一是送计划生育科普知识下乡。将计生政策、优生优育等知识传达给群众，进一步增强了广大群众对计划生育政策的深刻理解。

二是送计划生育优质服务下乡。

三是送计划生育避孕药具下乡。为方便育龄群众，把避孕药具发放到育龄夫妇手中，并为他们讲解使用方法及注意事项，帮助育龄群众选择一项安全可靠的避孕措施。这一举措加大了孕前型管理的力度，让群众真正享受到知情选择的好处。

什么是“少生快富”工程

“少生快富”工程，即在稳定现行生育政策的基础上，通过经济奖励的办法，鼓励少生。对符合规定可以生育第二个子女的农村夫妻，其主动放弃二孩生育指标，自愿终身只生育一个子女并采取了安全适宜的长效节育措施、领取了《独生子女父母光荣证》的，给予适当奖励。

“少生快富”扶贫工程坚持以人为本，着力创新工作机制，用奖励“少生”代替处罚“多生”，帮助贫困地区群众利用奖励资金发展生产，走“少生快富”之路。由于利益导向的正确，群众既能自觉自愿地实行计划生育，又能尽快实现脱贫致富。这样就可以引导群众从根本上走出“越生越穷、越穷越生”的怪圈。

“少生快富”扶贫工程把计划生育与扶贫开发有机结合起来，既有效扶贫，又促进少生，有利于推动西部地区人口计生工作的顺利开展，有利于缓解计划生育农牧民家庭在生产、生活中面临的特殊困难，有利于促进人口计生工作思路和工作方法的转变，密切党群、干群关系，有利于“三农”问题的解决。

“少生快富”工程的基本要求是什么

1. 坚持政府倡导，群众自愿参与。广泛宣传“少生快富”工程的政策和优惠措施，引导群众自愿参与。严禁强迫命令、“一刀切”和下计划指标。鼓励自愿少生的农牧民采取可靠的长效节育措施。

2. 实行“四权分离”，严格资金管理。“少生快富”工程的资格确认和技术服务，由人口计生部门负责；资金管理，由财政部门负责；资金发放，由代理金融机构负责；资金监督，由监察、审计等部门负责。按照“四权分离”的办法，严格对象确认，严格资金管理，确保资金安全，充分发挥资金的效益。

3. 奖励资金直接发放到目标人群。依托金融机构的网络，直接给目标人群发放奖励金。严禁任何单位或个人截留挪用、虚报冒领奖励资金和以扣代罚等各种名目的违规行为。

4. 帮助目标人群发展生产。引导和帮助目标人群把奖励金用于发展生产，帮助选择投资少、收效快、风险低、适宜可行的致富项目，并与扶贫开发、农业开发等项目紧密结合起来，增强计划生育家庭的自我发展能力和抵御市场风险的能力。

5. 提供优质的计划生育技术服务。加强项目实施地区计划生育服务站（所）建设，建立健全各种服务标准和规范，提高计划生育技术服务能力，保证为目标人群提供优质的技术服务，防止手术并发症的发生，提高群众的生殖健康水平。

第六章　计划生育报表填写

什么是计划生育统计工作

计划生育统计工作，是指有关计划生育统计制度的制定和执行，统计制度执行情况的检查与监督，统计调查的组织和实施，统计资料的收集、管理和使用，统计人员的培训等工作。

计划生育统计工作的基本任务是什么

《计划生育统计工作管理办法》第四条规定计划生育统计工作的基本任务是：

1. 贯彻执行《统计法》，制定并实施各项计划生育统计工作管理办法；

2. 实行计划生育工作的定期统计报表制度，组织和管理计划生育专门统计调查；

3. 制定并实施计划生育统计方案，制定计划生育统计标准，建立、健全计划生育统计指标体系；

4. 收集、整理、保管和提供计划生育统计资料，建立并完善以计算机技术为基础的信息收集、处理、传输系统和数据库系统；

5. 分析、研究人口与计划生育统计资料；

6. 检查计划生育统计制度执行情况和统计数据质量，考核评估人口计划执行结果和计划生育工作目标管理责任制落实情况；

7. 审批本系统其他业务部门和直属单位涉及计划生育的统计

报表和统计调查。指导本系统其他业务部门和直属单位涉及计划生育的统计活动。

计划生育统计的主要内容

1. 人口状况：育龄妇女数，已婚育龄妇女数，应落实节育措施人数，有生育条件只有一个孩子的育龄妇女数。

2. 人口变动情况：人口出生、死亡、迁入、迁出。

3. 生育状况：生育孩次数（计划内、计划外），晚育数。

4. 婚姻状况：育龄妇女初婚、早婚、晚婚数。

5. 节育状况：包括累计避孕人数及当年结扎、上环、避孕工具、针药及补救措施人数。

6. 怀孕状况：计划内、计划外人数。

7. 独生子女情况：有生育条件的只有一孩夫妇总数及其中已领取独生子女证人数。

计划生育统计工作实行什么管理体制

计划生育统计工作实行统一管理、分级负责的管理体制。国家计划生育委员会负责对全国计划生育统计工作实行统一管理、业务指导和组织协调，国家计划生育委员会的统计部门承担具体工作。地方各级计划生育部门负责对本行政区域内的计划生育统计工作实行统一管理、业务指导和组织协调，地方各级计划生育统计部门承担具体工作。

基本的统计工作制度包括哪些

《计划生育统计工作管理办法》第六条规定：建立健全基本的统计工作制度，包括：统计账卡和报表制度、统计调查制度、统计例会制度、统计人员培训制度、统计检查、奖惩和举报制度、统计资料管理和公布制度、村级统计资料公开制度等。

各级计划生育部门在计划生育统计工作中有哪些权利和义务

1. 各级计划生育部门应当把统计工作的发展纳入计划生育事业发展规划，为统计工作顺利开展提供必要的经费等保障条件。

2. 各级计划生育统计部门和统计人员，在计划生育统计工作中依法独立行使统计调查权、统计报告权和统计监督权。

3. 各级计划生育部门及其工作人员必须依照有关统计法律、法规的规定，提供计划生育统计资料，不得虚报、瞒报、拒报、迟报或伪造、篡改统计资料。

如何设置计划生育统计报表

县以上各级计划生育统计部门可根据上一级主管部门的要求和工作需要，经同级统计局审批，设置本行政区域内的计划生育统计报表，或者转发上一级主管部门的统计报表。自行设计的报表项目不得少于上一级主管部门统计报表的项目，其指标含义、计算方法、分类目录、统计期限、上报时间等不得与上一级主管部门的有关规定相抵触。

统计报表包括哪些内容

统计报表包括由计划生育统计部门负责的计划生育情况报表和本系统其他业务部门和直属单位负责的事业统计报表。

计划生育情况报表的主要内容包括：育龄妇女的婚姻、生育、避孕节育等情况。

事业统计报表的主要内容包括：宣传教育、政策法规、技术服务、避孕药具供应、信访、人事、财务、协会等情况。

统计对象及人数：计划生育统计的对象是在本行政区内居住的，具有中国国籍（中国人民解放军、武警部队现役人员、在校大中专学生除外）的全部人员，包括暂住人口及无户口人员。

上报计划生育统计报表要经过哪些程序

上报计划生育情况报表需经本单位统计负责人审核、签字并加盖公章。上报半年和全年统计报表的同时应当报送书面统计分析报告。

计划生育系统的其他业务部门和直属单位设置的事业统计报表及专门统计调查表，须经同级计划生育统计部门审核、批准、备案、授颁统一表号后方可制发。

各种事业统计报表的汇总、分析、上报，由相应的业务主管部门负责。上报的报表和分析报告，须抄送同级计划生育统计部门。

什么是统计人员岗位责任制度

各级要明确统计人员的职责范围，建立健全岗位责任制，不断提高工作质量和工作效率。统计人员应认真执行统计法，以实事求是为原则，向国家和人民负责，忠于职守，严格执法，自觉抵制不正之风，杜绝弄虚作假，避免失职和失误。

各级计划生育统计资料要及时存档，分类别按年度装订成册，并妥善保管。同时切实做好保密工作，凡有可能对计划生育工作产生不利影响或对国家、民族造成不利后果的数字（如性别比、引流产等）均不得公布或向外国人提供。

各级计生统计工作机构应当承担哪些职责

1. 各级计生统计工作机构应建立“计划生育系统统计调查项目库”，公布已批准的统计调查，供各单位在设计统计调查方案前查询。

2. 各级计生统计工作机构应当为制定统计调查的系统内各单位提供统计调查方案设计的咨询和指导。

3. 各级计生统计工作机构负责审核各种统计调查。

计划生育系统内统计调查结果的上报与公布需经过哪些程序

1. 系统内各单位对上报的统计调查数据，必须认真核实，确保质量。填表人要签名，单位负责人要审核签字，并加盖公章。凡列有密级的报表，上报时须符合保密的有关规定。

2. 系统内各单位的统计调查数据和汇总分析报告，应当抄送同级计生统计工作机构备案。

3. 计生统计工作机构负责公布计划生育系统的统计调查数据。计生统计工作机构应与同级政府综合统计机构就总人口数等重要数据公布的范围、方式协商一致后公布。

4. 系统内各单位与国外机构合作组织的统计调查数据，由组织调查的单位报送国家计生委统计工作机构审核，报分管统计工作的领导批准后公布。

5. 公布统计调查数据必须严格执行《中华人民共和国保守国家秘密法》和《计划生育工作中国家秘密及其密级具体范围的规定》。

什么是已婚育龄妇女档案卡？应如何填报

《已婚育龄妇女档案卡》主要记录每个育龄妇女的婚姻、生育、节育等基础信息。它不仅是管理者对育龄人群实施科学的计划生育管理和服务的依据，而且对于进一步研究分析妇女的婚姻状况以及生育、节育等情况，具有重要的现实使用价值和历史资料价值。

常住人口中 15 ~ 49 周岁的育龄妇女，凡新结婚（包括初婚、再婚）或迁/流入，均应自结婚或迁/流入当月起，由村级统计人员负责建立《育龄妇女档案卡》。《已婚育龄妇女档案卡》建卡对象是辖区内常住的 15—49 周岁已婚妇女（含离婚、丧偶、事实婚姻），也包括离开户籍地半年以上，现在本地居住的流动人口中的已婚育龄妇女；档案卡中的主要逻辑关系（1）出生年月必须在初婚年月之前，且要提前20周岁以上（早婚除外）；（2）初婚年月必须提前于第一个孩子出生年月，且最少提前9个月以上；(3）安排生育年度应与孩子出生年度一致；(4）节育措施时间最少应晚于第一个孩子出生时间；(5）建卡以后出生的孩子情况应与建卡后的孕产记录栏填写一致。档案卡要求每月变更一次。

什么是计划生育村级月报册？应如何填报

《计划生育村级月报册》是村（居）委会每月人口自然变动和育龄夫妇怀孕、生育、措施落实等信息变化的原始记录，是充实完善计算机中育龄妇女基础信息和自动形成人口与计划生育统计报表的依据，也是上级检验基层统计质量的必需资料。

村级月报册一式三联，装订成册，按统计年度一年一本，由市级或县级计生部门统一印制，编号登记，限量发放。村级报告单每月填写的具体内容如下：

凡当月有怀孕、生育（含收养当年出生而在出生地未统计上报的婴儿）、落实节育措施以及死亡的，都应按照“月月清”的要求填入月报册。对以往漏统的上述现象，均应按要求填入发现月的报告单。该报告单由村级专门人员填报，实行一月一报制度。每月3日之前，村级统计员带全本的月报册到乡级计生部门审核，审核发现填报有误需修改的，三联单应一个笔迹更正。然后一联留存，一联报乡级计生部门录入计算机，一联报县级计生委用于稽查。

什么是村级信息报告单？应如何填写

《村级统计信息报告单》针对每月新婚、流入或迁入人口增卡、流出或迁出人口剔卡、独生子女领证等信息有变化人员填写。是针对原有的《计划生育村级月报册》采集信息不全而设计的。

村级统计信息报告单由乡以下计生部门自己印制，填写的具体内容如下：

凡当月有初婚、流入或迁入人口增卡、流出或迁出人口剔卡、独生子女领证的，都应按照“月月清”的要求填入村级统计信息报告单。对以往漏统的上述现象，均应按要求填入发现月的报告单。该报告单由村级专门人员填报，实行一月一报制度。每月3日之前，随村级月报册一块报乡级计生部门接受审核后录入计算机。

什么是村级计划生育服务工作信息反馈单？应如何填写

《村级计划生育服务工作信息反馈单》是根据已掌握的婚育信息，将当月需要做的管理与服务工作及时准确地反馈给村级，由村级管理服务人员有的放矢地开展工作。它实际上是乡级为村级下达的具体工作任务。

《村级计划生育服务工作信息反馈单》每月4日到6日从乡微机中提取，反馈给各村（居）委会。主要内容有：①当月可申请领取《一孩服务证》的育龄夫妇名单；②需登门走访的服务对象名单（包括孕前随访、孕期随访、产后随访、手术后随访）；③建议需采取避孕节育措施和更换避孕节育措施的夫妇名单；④建议终止妊娠妇女名单；⑤落实独生子女户、双女户优惠政策名单；⑥应取环人员名单。

每季反馈的内容有：各村本季度参加“三查”人员花名单。

每年反馈的内容有：领取《二孩生育证》的育龄夫妇名单；

村级工作人员要按照反馈表提示的内容开展工作，搞好服务。下月例会时，将进展情况向乡级报告。

什么是乡级计划生育服务工作信息反馈单？应如何填写

《乡级计划生育服务工作信息反馈单》是根据已掌握的婚育信息，将当月需要做的管理与服务工作及时准确地反馈给服务站、乡级领导、上级主管部门。乡级服务站管理服务人员有针对性地开展工作。乡级领导和上级主管部门及时了解和掌握当前计划生育工作情况，为科学指导和决策提供依据。

《乡级计划生育服务工作信息反馈单》每月（季、年）从微机中提取。反馈给计划生育服务站的主要内容有：①需登门走访的服务对象名单（包括孕前随访、孕期随访、产后随访、手术后随访）；②建议需采取避孕节育措施和更换节育避孕措施的夫妇名单；③建议终止妊娠妇女名单；④本季度参加“三查”人员花名单（免费检查人员要求打印在财务三联单上）。

反馈乡级计生办的有：新婚登记册、怀孕登记册、出生死亡凳记册、节育措施落实登记册、三查登记册、优惠政策落实、生殖健康检查和宣传教育等情况，以及相关的月（季、年）报表。

上报县计生局的有：申请二胎生育对象名单、月（季、年）等各种报表。

随时提供本级或上级领导需要的有关数据信息。

计划生育统计工作有哪些相关指标？如何计算

1. 年出生率：指某地一年内人口出生人数与该年人口平均（或年中）人数之比，通常用千分数表示（保留两位小数，下同）。其计算公式为：年平均人口 = 年初人口 + 年末人口 ÷ 2（保留整数）年出生率 = 年内出生人数 ÷ 年平均（年中）人口 × 1000‰

2. 计划生育率：指某地区某时期内符合计划生育要求出生的所有活产婴儿数与该地同时期内出生的活产婴儿总数之比，是反映该地期内计划生育工作成效的重要指标。其计算公式为：计划生育率 = 计划内出生人数 ÷ 同期出生总人数 × 100%

3. 多孩率：指某地某时期生育第三孩次以上的活产婴儿与该地同期出生的活产婴儿总数之比。其计算公式为：多孩率 = 多孩出生人数 ÷ 同期出生总人数 × 100%

4. 性别比：指某地区一定人口中男性与女性人数的比，通常用100个女性对多少个男性的比来表示。其计算公式为：性别比 = 男性人数 ÷ 女性人数 × 100%

5. 意外妊娠率：指某地区计划外出生人数加上流引产人数与该地已婚育龄妇女人数之比，其计算公式为：意外妊娠率 =（计划外出生人数 + 流引产人数）÷已婚育龄妇女数 ×100%

6. 年死亡率：指某地一年内死亡总数与该地年平均人口之比，通常用千分数表示，其计算公式为：年死亡率 = 某地 – 年内死亡总数 ÷ 年平均（年中）人口 ×1000‰

7. 自然增长率：指某地自然增长的人口与该地年平均人口数之比。其计算公式为：自然增长率 =（出生人数 – 死亡人数）÷年平均（年中）人口 ×1000‰ = 出生率 – 死亡率

8. 初婚率：是指在期内初婚（不含再婚、复婚）的人数与同期平均人口数的比率。计算公式为：初婚率 = 当年初婚人数 ÷ 该年平均（年中）人口 ×1000‰

9. 落实节育措施及时率：是指期内按要求落实节育措施人数占期内应落实节育措施人数的百分比。即：落实节育措施及时率 = 期内按要求落实节育措施人数 ÷ 期内应落实节育措施人数 ×100%。期内应落实节育措施的对象是：①期内有生育待业的育龄妇女；②期内有流、引产史已婚育龄妇女；③期内变换节育措施的育龄妇女；④原应落实而未落实节育措施的育龄妇女。及时落实节育措施的要求：坚持一孩以上环为主，二孩以结扎为主的原则：生育或引产四十五天内，变换措施或流产三十天内，都要及时落实一项有效的避孕措施。

三查率：三查率 =（已查人数 ÷ 应查人数）×100%

第七章 优生优育知识

优生优育的含义是什么

优生就是生育健康的孩子。优生是人类运用自己的智慧和才能，有效地改进人类本身素质以生育健康的婴儿。

优育是指孩子出生后，在适宜的环境中对孩子进行科学的教育，使其遗传潜力最大限度地发挥出来，包括保健和教育两方面。

优生优育有什么重要意义

优生从根本上讲，是保证人口质量的一项关系到国家和民族兴衰未来的大事。人口素质是由多种因素决定的，概括起来有两个方面：一是先天素质，一是后天因素。前者是生的问题，后者是养和教的问题，即优生与优育的问题。优生是基础，优育是条件。人口的出生质量在某种意义上讲对人口素质起着决定性的作用。开展优生就是要尽可能地提高出生婴儿的体质水平，减少或避免缺陷儿的诞生。从局部讲，优生关系到每个家庭，每对夫妇的幸福。生一个健康、聪明，漂亮的孩子是所有父母的共同愿望。生一个遗传病患儿或先天畸形儿，将给父母带来沉重的精神负担和经济负担。从国家和民族这一大局来讲，如果生育的后代个个都健康、聪明，那么整个中华民族就会兴旺发达，国家繁荣昌盛。很难设想，一个素质低劣的民族能够跻身于世界先进民族之列。

优生与哪些因素有关

人的智力、体质既有先天性因素，又有后天养育因素的影响，先天因素主要是遗传影响，后天因素应包括胎儿在生长发育过程中所受到的各种外界影响，归纳起来与优生有关的因素有以下儿方面。

（1）遗传：中国有句谚语说“种瓜得瓜，种豆得豆”。这就是说，父母双方都十分健全，生出来的孩子也都是健全的，如果父母某一方患有某种疾病，特别是遗传性疾病，生出的孩子患病的就多；如父母是近亲婚配，或患有麻风病等，出生的孩子多数为先天性畸形或智力不全。

（2）药物：大量的临床和实验证实，许多药物能造成胎儿畸形。

（3）环境污染：大气、水质、土壤和食品受到有毒物质的污染，影响了父母体细胞和生殖细胞的遗传结构，能造成死胎、流产、胎儿畸形及遗传性疾病。

（4）职业：父母因职业而接触化学性物质，如铅、汞、汽油、氯丁二烯、氯乙烯及乙醚等；接触物理因素，如放射线、噪声、微波辐射等，都可直接对生殖细胞产生影响，引起遗传损伤。

（5）感染：尤以病毒感染为甚，无论对胎儿、新生儿及儿童，都可能产生难以修复的损害。特别是在妊娠期，可引起流产、早产、死胎，以及各式各样的畸形和智力低下等残疾儿。

（6）母体疾病：在妊娠期孕妇患有某些合并症和并发症，可使胎儿致畸，如合并糖尿病之孕妇容易发生大胎儿及胎儿畸形等。

（7）嗜酒：孕期喝酒，会造成胎儿脑组织损害，影响胎儿以后的智力发育。

（8）吸烟：吸烟不但能造成流产、早产和胎死宫内，以及胎儿发育迟缓，而且能造成男性精子畸形，从而造成胎儿畸形。

（9）情绪：孕妇的精神紧张、情绪波动或突然惊吓等，都能造成内分泌紊乱，从而阻碍胎儿正常发育而造成腭裂、唇裂等畸形。

（10）营养：孕期母体营养不足，使胎儿在生长发育期间缺乏营养，影响脑神经细胞的增殖，致出生后智力低下。

实现优生的要求是什么

要实现优生必须做到：禁止近亲结婚；有遗传性疾病者不宜结婚；有遗传家族史者应进行遗传咨询；进行婚前检查。怀孕后，要避免接触影响胎儿的不利因素（如工业毒物、有害气体、放射线、乱服药物等）；要加强围产期保健，孕妇要注意孕期卫生和孕期营养；定期做好产前检查，坚持产前常规检查，必要时做一些特殊检查，进行胎儿监护，早期发现先天性畸形儿，防止畸形儿的出生。

什么是晚婚晚育？为什么提倡晚婚晚育

男年满 25 周岁、女年满 23 周岁的初婚为晚婚。初婚年龄的计算，以结婚证书上批准的日期为准。女年满 24 周岁的初育为晚育。晚育年龄的计算，以孩子出生的日期为准。

我国《婚姻法》规定，男 22 周岁、女 20 周岁，始得结婚，但这是法定的最低结婚年龄，而不是提倡的结婚年龄。青春发育期末，男性到 20 岁，女性到了 18 岁，性的发育已接近成熟。从这一点上说，他们已具备了结婚、生育的条件。但一个人的性成熟并不标志着全身各个器官都已发育成熟。从生理上说，无论是性腺、生殖器，还是心脏、肾脏等其他重要器官，一般要到 23～25 岁才发育到完全成熟的程度。如果过早结婚，对女性的身体及胎儿的发育均有不利影响。因为一般骨骼要到 23 岁后才能完全钙化，青年女性自身就需要充足的营养继续促进骨骼的发育，如果怀孕，胎儿更需要母亲供给大量的营养物质。这样一来，不仅会影响母亲的自身发育，对胎儿的发育和健康也会产生直接影响。

何为女性的最佳生育年龄

女性最佳生育年龄是24周岁至30周岁，这是女性的生育旺盛期，也是女性精力最充沛的时期。这一时期，女性全身发育已完全成熟，骨盆、韧带和肌肉的弹性较好，卵子的质量最高，在这个时期生育，妊娠并发症少，分娩的危险性小，流产、早产、死胎及畸形儿和痴呆儿的发生率最低，而且产后身体恢复较快。

什么是最佳受孕季节

从医学角度来看，夏秋之交的6～8月份应该是最佳受孕季节。因为夏末初秋时节，各种富含维生素的新鲜瓜果、蔬菜均已上市，肉、鱼、蛋、奶也很充足，为母体及时摄取并储备各种营养物质创造了有利条件；待隆冬来临之际，孕妇已平安度过了胎儿最易感染病毒的致畸敏感期；等到了养教并重的妊娠中后期，已是鸟语花香、景色宜人之时，为胎教提供了理想的外界环境；临产时，正是凉热适宜的春末夏初，可以避免新生儿出生后因天气炎热而生痱子，同时有利于产妇的饮食调节，有益于产妇身体的恢复。

什么是遗传和遗传病

从医学角度讲，遗传是亲代精卵细胞结合成胎时，将父母的个体特性及种系素质传给子代的生理过程。遗传使生命得以延续，物种得以保存。遗传病就是人体控制遗传的染色体和基因出现异常改变而引起的疾病。通俗地讲就是从父母那里接受了已发生变异的遗传物质而引起相应的疾病或缺陷。

什么是遗传咨询

遗传咨询是由医生解答咨询者提出的关于遗传方面的问题，并对其生育给予科学指导。通过咨询，可以了解如何阻断遗传病的延续，减少遗传病患儿的出生，保证后代身体健康。

什么情况下需要进行遗传咨询

1. 夫妻一方患有某种遗传病或智能低下；
2. 夫妻一方或双方有遗传病家族史；
3. 近亲结婚；
4. 35 岁以上的高龄产妇；
5. 有习惯性流产史；
6. 孕早期病毒感染，孕期长期使用药物等；
7. 生育过有遗传病或畸形、智能低下的孩子；
8. 生育过无明显原因而夭折的孩子；
9. 夫妻一方或双方长期接触致畸物质，如铅、磷等有毒物质以及化学制剂、放射线、同位素等。

为什么要禁止近亲结婚

三代以内有共同祖先的男女结婚，就称为近亲结婚，所谓“三代”是从本身这一代算起，向上向下向父系向母系都推三代。直系的如祖父母—父母—自己；自己—子女—孙子女；等等。旁系的如父之兄弟姐妹之子女—父之兄弟姐妹—自己；母之兄弟姐妹之子女—母之兄弟姐妹—自己；兄弟姐妹之孙子女—兄弟姐妹之子女—自己；等等。

血缘关系近的男女结婚，后代死亡率高，常出现痴呆、畸形和遗传病。这是因为近亲结婚的夫妇，从共同祖先那里获得了较多的相同基因。很容易使对后代生存不利的有害基因相遇和集中（遗传学上叫做纯合），从而加重了有害基因对子代的危害程度，所以容易生出素质低劣的孩子。

什么是婚前检查，为什么应该注重婚前检查

婚前检查是指男女青年已确定爱情，在结婚登记之前，做全面的身体检查。内容包括：（1）问清本人的健康史及直系血亲的健康状况，最好能向上追溯三代。特别着重于查明有无遗传病史、先天畸形史、精神病及传染病史；（2）了解男女双方是否有近亲血缘关系；（3）进行全面的身体检查，重点查明心肝肺肾等重要器官有无严重疾病，身体发育有无畸形；（4）进行生殖器检查，以判明是否有生殖器官的异常和畸形（对女青年一般不进行阴道检查，不会损伤处女膜）；（5）进行必要的化验检查（如血型、梅毒、艾滋病等）；（6）进行性知识教育和生育指导。如选择最佳生育年龄和最佳受孕时机、避孕方法、孕期保健等。

实行婚前检查的目的：（1）可以及早了解婚约双方是否患有不宜结婚和生育或不宜马上结婚生育的疾病，以免造成婚后的不幸或影响下一代的健康；（2）可以使有生理缺陷、不能进行性生活的人在可能条件下及早得到矫治；（3）可以得到遗传病方面的咨询，使有可能出生遗传病儿的婚约双方预先知道应该如何对待，以阻断遗传病的延续；（4）同时还可以得到有关婚后性生活和计划生育方面的医学指导，避免人工流产。因此，注重婚前检查有利于后代，有利于男女青年健康，有利于婚姻幸福和计划生育。

哪些疾病不宜婚育

哪些疾病属于医学上认为不宜结婚的，这个问题在现行的法律中还没有具体的规定。目前医学上主要是从当事人是否会给后代带来畸形和严重遗传疾病、是否能够进行正常性生活以及是否会影响身体健康的角度去考虑的。以下列出的几种疾病患者不宜结婚或暂时不宜结婚：

（1）在神经和精神方面存在严重障碍，生活能力很差，有严重的智能低下者；个人生活不能自理，无法承担婚姻、家庭的责任和

义务者。

（2）精神分裂症、躁狂抑郁性精神病、有周期性发作特点等常见遗传性精神病患者。

（3）患有严重的、无法矫正的生殖畸形，婚后不能进行正常性生活的。如，两性畸形、严重的性功能障碍、先天性无阴道、隐睾、小睾丸、阴道下裂等。

（4）各种法定的遗传病，特别是麻风病、性病（含艾滋病），在未治愈前不宜结婚，否则非常容易传染和扩散。

（5）各种急性传染病规定的隔离期间、慢性病活动期等都应暂缓结婚。如，某些急性传染病，血液病，严重的心、肝、肾、肺以及脑功能不全时。为了保护未婚者的身心健康，确保人口质量，有必要规定，患有某些疾病者必须限制结婚，患有某些疾病者应治愈后再结婚。这是一项利国利民的重要措施。

哪些情况下不宜受孕

1. 任何一方患有急性传染病，如流感、风疹、传染性肝炎、病毒性脑炎等疾病时不宜受孕；

2. 女方有心、肝、肾、肺等慢性疾病，尤其是这些器官的功能不正常时不宜受孕；

3. 梅毒、淋病等性病未治愈时，应暂缓怀孕，需待治愈后再考虑怀孕；

4. 女方长期服用某种药物时不宜受孕。受孕前找妇产科医生咨询，确认所服药物对胚胎无害才能受孕，或者停药一段时间后再怀孕；

5. 接受放射治疗或接触有害物质后，不宜受孕；

6. 女方服用避孕药的，要停药6个月后，才能怀孕。取环后要经过2～3个经期后再怀孕；

7. 早产、流产以后不宜立即受孕。

怀孕前后应注意什么

怀孕前后应该保持皮肤清洁、节制性生活、做好孕期乳房护理、衣着宽松舒适、保持大便通畅、保持精神愉快、进行产前检查。

哪些药物能引起婴儿畸形

已经肯定能引起胎儿畸形的药物有：①各种抗癌药物；②激素类药物；③降血糖药物；④镇静安定药等。可能致畸的药有：①抗癫药；②抗甲状腺药；③维生素类，孕期盲目大量服用维生素 A、D 可引起胎儿畸形。

孕妇服用的药物可以通过胎盘进入胎儿血液，直接影响胎儿的发育；有的药物可以使母体及胎盘的代谢发生障碍，从而影响胎儿的发育，造成胎儿畸形或其他损害。因此孕期用药须谨慎。

烟酒对孕妇有什么危害

烟草中含 400 多种有害化合物，其中尼古丁是罪魁祸首，孕妇吸入或在烟雾缭绕的环境中生活、工作，可招致流产、早产、胎儿发育不良，甚至畸形，如先天性心脏病、兔唇、腭裂、无脑畸形等；吸烟孕妇妊娠高血压症的发生率也较非吸烟孕妇高。

烟对人类的危害已引起重视，而酒对孕妇同样有害，如果受孕前酗酒，可使发育中的精子和卵子发生畸变。这种畸变的生殖细胞结合，就会把有病的遗传基因传给后代，引起胎儿酒精中毒综合征。患儿表现：生长迟缓、中枢神经系统发育障碍、面容特殊、头小、前额突、眼裂小、心脏及四肢畸形等。因此孕期、哺乳期应禁烟酒。

孕妇应避免哪些工作环境

一般来说，孕妇在妊娠期间，凡是对身体不利的工作和环境都应该尽量避免。常见的有：过重体力劳动；高度紧张的工作；接触刺激性物质或某些有毒化学物品的工作；频繁上、下楼梯的工作；受放射线辐射的工作；长时间站立的工作；不能得到适当休息的连续流水作业的工作；噪声污染严重的环境；没有很好的通风设备的环境；温度过低的工作环境。以上所列举的各种工作环境，都对孕妇的身体不利，所以，为了确保母婴的身心健康，应尽量避免，或及时调换工作。

孕期饮食的原则是什么

孕期合理营养是胎儿健康发育的保证。孕期饮食应坚持以下原则：

（1）应吃各种各样含有丰富营养的食物，不要挑食或偏食。

（2）食量适中，比非孕期增加 10% ~15% 食物，不能少吃或多吃，食欲旺盛的孕妇应适当控制食欲。

（3）尽可能吃天然新鲜、营养丰富的食物，不吃加工过的食品，因为加工过的食品很多含化学物质。如，色素、防腐剂、甜味素、糖精等，而且在加工过程中营养成分也被破坏了。

（4）吃清淡易于消化的食物，不要吃烹调过度、油炸的食物。因为在加工食物烹调过程中，会有一些营养流失。选择顺序是：蒸、煮、微波炉加热、烤。尽可能生吃水果和蔬菜。

（5）多吃含粗纤维的蔬菜。膳食纤维，可以防止便秘，增加肠道对维生素的吸收。

（6）吃含糖高的甜食，喝果汁、牛奶时不要加糖，防止肥胖等副作用。

（7）少吃腌腊制品，如腊肉、咸鱼、咸肉、腌菜。腌腊食品中含有亚硝酸盐，会减少红细胞携氧能力，并可通过胎盘对胎儿产生危害。

（8）不要吃污染、过期、变质的食物。如，在被工业污水污染的土壤中生长的食物、有农药残留的水果蔬菜等。

（9）禁烟、禁酒、禁咖啡。

孕妇需要哪些营养

妊娠期间，孕妇需要增加大量的营养物质。一方面，维持孕妇本身的代谢需要，另一方面，则为胎儿在子宫内生长发育提供足够的营养成分。如果妊娠期间缺乏营养就会影响胎儿的健康，胎儿出生后容易生病，发育缓慢。人体所需要的营养素是靠吃进各种各样的食物获得的，所以孕妇不偏食，才能满足身体所需要的一切营养。

（1）含蛋白质的食物：蛋白质是构成人体组织细胞的主要物质，妊娠期孕妇平均每天需要1.5～2两蛋白质。妊娠晚期更需要贮存一定量的蛋白质，以备分娩、产后乳汁分泌所需。如果孕妇所需要的蛋白质供应不足，那么，就会使孕妇体力衰弱，胎儿生长缓慢，产后恢复不好，乳汁少。含蛋白质的食物有肉、鱼、蛋、奶、豆类等，乳类和蛋类所含的蛋白质，最容易消化。

（2）含糖的食物：糖类即碳水化合物，是人体热量的主要来源，对孕妇的健康及胎儿的发育很重要。含糖的食物有面粉、大米、地瓜、土豆、水果等。

（3）脂肪：脂肪对肌体是必要的，但在妊娠期必须少食用，以免脂肪过多增加肝脏负担及造成肥胖，所以应避免吃肥肉及油腻的食物，尤其不要食用煎、炸过食物的油，此油不易消化，应吃清淡易消化的食物。含脂肪食物有肥肉、蛋黄、奶、果仁（核桃、杏仁、花生）、食油（豆油、花生油、猪油、菜子油）等。

（4）维生素：维生素的种类很多，例如维生素A、维生素B1、维生素B2、维生素B6、维生素C、维生素D等，都是人体十分必需的维生素。这些维生素在人体代谢中起着辅酶的作用，缺乏这些维生素，就会导致疾病。如果缺乏维生素C，就会造成齿龈出血；

如果缺乏维生素B2，就会发生口舌溃疡；如果缺维生素A、D就会造成钙吸收不良，血钙偏低可引起手足抽搐。这些维生素对孕妇和胎儿的健康发育有非常重要的关系。所以必须保证孕妇所需要的各种维生素。

维生素主要存在于水果、蔬菜、肝、蛋、奶、果仁等食物中。

(5) 矿盐：矿物质中有十几种是人类必需的，其中以铁、钙和磷的供给，对孕妇非常重要。铁是体内造血的重要原料。钙和磷是构造胎儿骨骼的重要物质。妊娠期需要大量的铁，所以孕妇要注意多吃含铁及钙磷较多的食物。如，肝、鱼、蛋、水果、菠菜、白菜等。

孕妇需要哪些微量元素

(1) 钙和磷：为了确保胎儿牙齿和骨骼健康发展，所需钙质是平常所需的2倍。在妊娠期，胎儿骨骼和牙齿已经开始钙化。如此时孕妇钙、磷供应不足，胎儿势必从母亲的骨骼和牙齿中夺取大量的钙、磷，以满足生长、发育的需要，使母亲的钙代谢呈负平衡，致骨质软化症及产后的多种病痛。

(2) 铁：铁是构成人体血红蛋白的主要物质之一，参与氧的转运、交换和组织呼吸过程。如果铁的带氧能力被阻断或者是铁的数量不足，将对肌体产生不利的影响；如果孕妇缺铁，将造成胎儿宫内窒息、胎死宫腔、流产、早产、产后胎儿营养不良等。

(3) 镁：能激活体内多种酶，抑制神经的兴奋，参与体内蛋白质的合成、肌肉的收缩、体温的调解。镁缺少时，神经反射亢进或减退、肌肉震颤、手足抽搐、心律不齐、情绪不安、容易激动。孕妇精神紧张、情绪不稳定、易焦躁发怒，与缺镁有关系。含镁高的食物有香蕉、坚果类、豆类、绿叶蔬菜和麦芽等。

(4) 碘：缺碘可引起大脖子病和黏液性水肿。孕妇缺碘可生出智能低下、生长发育障碍的呆小儿。母亲摄入碘过多时，脐血内的促甲状腺素升高，引起胎儿甲状腺肿和甲状腺机能减退，重者可导致胎儿窒息夭折。因此补碘应在医师指导下进行。孕妇可适当吃含碘丰富的海产品。如，海带、紫菜、干贝等。

（5）锌：锌参与人体200余种酶或激素的合成，怀孕期间，胎儿对锌的需要量迅速增加。锌缺乏的胎儿，有30%成为智力低下的宝宝，表现为异食癖，记忆力和行为异常。缺锌还可使孕妇肌体的免疫系统受到损害，子代的免疫力下降，可致发育畸形，出现无脑儿或软骨发育不全的侏儒。孕妇每天应摄入20毫克锌，最好从食物中摄取。可食含锌丰富的食物。如，牡蛎、硬壳果类、豆类等食品。

怀孕期间哪些食物不宜食用

山楂：女人怀孕后常伴有困倦、恶心、呕吐、食欲不振等反应，特别喜欢吃一些酸甜果品，山楂酸性甜可口，很多孕妇喜欢吃。但是，山楂对子宫有一定的兴奋作用，可促使子宫收缩。如果孕妇大量食用山楂及其制品，容易导致流产。

桂圆：尽管桂圆营养丰富，是上好的补品，但妊娠期间应该少吃或不吃。桂圆性温大热，而孕妇往往怀孕后易阴虚产生内热，再食桂圆会热上加热，会造成孕妇大便干燥，口舌干燥而胎热，容易导致孕妇出现阴道出血、腹痛等先兆流产症状。

孕妇食用水果过量还会引发高脂血症。

许多人都认为吃水果可增加营养，生出的孩子皮肤白嫩，但是很少知道水果中含有的葡萄糖、果糖经胃肠道消化吸收后可转化为中性脂肪，促使体重增加，甚至还易引起高脂血症。

孕妇每天水果食量不应超过500克，特别是如香蕉、荔枝、葡萄等含糖量较高的水果尽量不要吃。如果孕妇贫血，还应该少吃石榴和杏。

此外，味精的主要成分是谷氨酸钠，易与锌结合，导致孕妇体内缺锌。久存的土豆中生物碱的含量比较高，易导致胎儿畸形。有心脏病的孕妇应该少吃些盐。在怀孕16周后，要限制食盐的摄入量，别超过4~5克。

孕妇营养会影响胎儿的生长发育吗

孕妇营养会影响胎儿生长发育，孕妇缺乏营养则影响胎儿生长发育，严重者会引起流产、早产、胎儿发育迟缓、出生后生长发育不良。

孕早期（1—3 月）胚胎虽然较小，但细胞分裂迅速，加之孕早期妊娠反应严重，这阶段孕妇应摄入含维生素 B、无机盐、易消化的饮食，以谷物、蔬菜水果为主，适量的糖食。

孕中期（4—7 月）胎儿生长较快，体积增加显著，孕妇热量消耗和所需蛋白质比正常人高约 10% ~20% ，同时，由于胎儿的器官、系统处于分化定基阶段，应重点加强营养，以乳品、肉、蛋、豆类蔬菜、水果为主，但脂肪不宜过多。为防止水肿，应少吃盐。

孕晚期（8—10 月）胎儿重量增长最快，骨骼发育、脂肪积贮都很迅速，因此，孕妇除应摄入足够碳水化合物、蛋白质食品外，还可适当增加脂肪性食物，特别需要补充钙、铁、锌、磷等微量元素，如食动物肝、海鲜、骨头汤等。

如何推算预产期

怀孕的妇女及家人都想知道，腹中的孩子该什么时候出世，以便心中有数，做好分娩前的各种准备。从末次月经到分娩一般需要 40 周。预产期的计算方法是从末次月经第一日算起，月份减 3 或加 9，日数加 7。若以农历推算预产期，月份仍为减 3 或加 9，日数加 15。例如，末次月经第一日是 1994 年 7 月 5 日，预产期则为 1995 年 4 月 12 日。如末次月经为 1994 年 2 月 9 日，预产期为 1994 年 11 月 16 日。若末次月经为农历 1994 年 4 月 24 日，预产期应为农历 1995 年 2 月 10 日。

有些孕妇记不清末次月经时间，或平时月经就不规律，或哺乳期月经不来而受孕，则可根据早孕反应时间，胎动开始时间来推算或用 B 超测定胎儿双顶径确定胎龄后再推算预产期。预产期推算只是一个大概，凡在预产期前3周至后2周内分娩都是正常的。

生出先天异常儿的原因有哪些

常见的原因有：

（1）父母一方或双方有相关的遗传因素。

（2）精子及卵子在形成受精卵时发生异常，或受精时发生染色体异常。

（3）在妊娠早期，母亲受到某些影响，引起胚胎发育异常。

（4）在胎儿期，由于胎儿自身发育或受到母体的某种影响而引发的异常。不论哪种情况，是否会出现先天性异常在生前是很难清楚地判断的。其实，先天异常儿发病率极低，只要采取适当的预防措施，遵守有关的注意事项，就能在某种程度上预防先天异常的发病。

什么是产前诊断

产前诊断，是指对胎儿的特异性的检查，就是“出生前诊断”或“宫内诊断”。是在妊娠期的一定阶段，在遗传咨询的基础上，根据孕妇的具体情况，采用各种方法对胎儿进行检查，明确诊断出胎儿是否患有某种遗传病或先天畸形，为确定保胎或终止妊娠提供依据。是预防有严重遗传性疾病或先天性缺陷儿出生的一项有效而可靠的措施，是优生和提高人口质量的重要保障之一。

哪些情况应做产前诊断

凡有下列情况者，所怀胎儿患先天性、遗传性缺陷的危险性比较大，应做产前诊断：

（1）高龄孕妇。凡35岁以上的孕妇，尤其是40岁以上的孕妇，都应争取做产前诊断。年纪越大，越应做产前诊断。有人认为，父亲年龄在55岁以上而怀孕者，即便母亲年龄在35以下，也应看作高龄孕妇，因为男方的精子也可能因年龄增高而出现问题。

（2）有不良生育史的孕妇。如，有流产、死产、死胎史，或生育过畸形儿的孕妇。如已生育过一个无脑儿、脊柱裂患儿的孕妇，再次怀孕发生率为3%到5%。

（3）家族中有先天性代谢缺陷的，或已经生过一个先天性代谢缺陷儿的。常见的先天性代谢缺陷有苯丙酮尿症、白化病、痛风病、蚕豆病、黑蒙性白痴、黏多糖病等。

（4）家族中有遗传病的或已经生过一个这类病儿的孕妇。

（5）妊娠早期患过风疹等病毒感染者。

（6）妊娠早期接触过明显的致畸因子，如X光照射、接触过放射物质、长期服药者。

（7）羊水过多或过少的孕妇，因羊水过多或过少容易并发胎儿畸形。

（8）家族中有隐性遗传病历史，夫妇又为近亲结婚者。

（9）有生育染色体异常儿史的孕妇。

（10）夫妇中有一方染色体平衡易位，或其他染色体结构异常者。

（11）其他经遗传咨询认为应做产前诊断者。

生男生女由什么决定

生男生女这个问题历来被人们所重视，人们希望生男生女能由自己随心所欲地决定。在人类的生殖细胞中，有23对（46条）染色体，其中1对为性染色体，22对为常染色体。性染色体是决定胎儿性别的。女性一对性染色体为XX，男性的为XY。女性只能产生一种具有X染色体的卵子。男性却能产生两种精子，一种具有X染色体，另一种具有Y染色体。如果卵子与含有X性染色体的精子结合，形成的受精卵为XX型，发育为女胎；如果卵子与含Y性染色的精子结合，形成的受精卵为XY型，发育成男胎。所以，生男生女是与性染色体有关，其所以能够决定性别，是由于这些染色体上存在有控制性别的基因。

什么是胎教？胎教的理论基础是什么

胎教是优生优育的方法之一。为了使宝宝出生后有一个良好的基础，在胎儿期内，利用一定的方法，通过母体给胎儿以各种良性刺激，从而促使胎儿生理和心理上的健康成长。

近20年来国内外大量科学研究已证明胎儿在子宫腔内是有感觉、有意识、能活动的一个“小人”，并能对外界的触、声、光等刺激发生反应。孕妇的思维和联想所产生的神经递质，也能传入胎儿脑部，给胎儿脑神经细胞发育创造一个相似的递质环境。胎教就是根据这些理论基础，在孕期注意调节和控制母体的内外环境，避免不良刺激，妊娠4个月起有针对性地、主动地给予有益的各种信息刺激，促进胎儿身心的健康和智力发育。

应如何进行胎教

胎教的方法，一般有音乐胎教、语言胎教、抚摸胎教、艺术胎教、光照胎教等。

音乐胎教：通过健康的音乐刺激，使母亲得到安宁与享受，促进孕妇分泌酶和乙胆碱等物质，发送胎盘供血状况，同时使胎儿心律平稳，对胎儿的大脑发育进行良好的刺激。

语言胎教：父母通过与胎儿的对话，使胎儿接受到语言波的信息，刺激胎儿大脑的生长和发育。在妊娠后期，胎儿已经具备了最初的听力和感觉能力，对外界的语言刺激会有一定的反应，并且在胎儿大脑中形成了记忆。

抚摸胎教：通过抚摸胎儿，使胎儿的肢体感受到刺激，有规律的抚摸胎教，就像是妈妈与胎儿的对话一样，形成良好的反应与互动，对提高胎儿大脑的发育很有帮助。

艺术胎教：通过进行一些艺术类练习，如书法、绘画等，孕妇本身会提高自己的文化素养，并给胎儿造成更为安宁与舒服的生活环境。

光照胎教：即给予胎儿一定的光照刺激，以促进胎儿视网膜光感细胞的功能发育。胎儿的感觉功能中视觉的发育较晚，一般七个月的胎儿视网膜才具有感光功能。光照可采用手电筒紧贴孕妇腹壁照射胎头部位，每次5分钟左右，孕妇可以注意感受胎儿的反应并做些记录，并且避免在胎儿睡眠时进行。

胎教进行的时间：5个月左右，即可进行音乐胎教、抚摸胎教等，光照胎教一般在孕6个月后进行。胎教时，可几种方法一起采用，如一边听着音乐，一边抚摸胎儿等。

孕妇如何进行保健

1. 孕早期保健。在孕早期进行遗传病咨询，了解家属中有无遗传病史、近亲婚配史、高龄孕妇、反复流产史、死胎史。对分娩过先天愚型的孕妇，必须作产前诊断，重点监护。注意环境有害因素。孕妇吸烟、饮酒，包括被动吸烟，都可引起胎儿发育迟缓。孕8周前，孕妇的用药与优生有一定关系，因而孕妇用药应慎重。接触过工农业生产中的有害化学制剂，长期接触大剂量放射线等的妇女，要在脱离接触半年后再妊娠，并应该注意坚持产前诊断。外界不良因素，如某些病毒、毒物和药物都可促进胚胎期间遗传病的形成，因此，孕期应特别注意预防风疹等病毒感染，避免与有毒有害物质密切或长期接触，不滥用药物，以保障胎儿安全。

2. 孕中期保健。孕中期，是指妊娠4个月到分娩期间。进行孕期宣教，包括优生优育优教，指导孕期卫生、营养、适当休息和劳逸结合。此时应注意：（1）产前检查。从妊娠24周开始。定期产前检查，包括体重，血压，血，尿常规，肝，肾功能，肝炎免疫测定及胸透等。发现异常就可以及时处理。（2）产前诊断。有指征者，孕满16周以后，以孕妇血液中的甲胎蛋白测定结果作为筛选指标，疑有畸形或遗传病胎儿，可以进一步做宫内诊断，包括B型实时超声、羊水细胞培养组染色体型分析、血型检查、生化检查，有条件的还可以作基因诊断及羊膜镜及胎儿镜等检查。（3）胎儿监护。孕妇自我监护如听胎心、数胎动。通过四步触诊及测量子宫高度、腹围等指标绘制妊娠图。B型实时超声仪检查，了解胎儿宫内发育及胎盘成熟度、羊水量，发现异常可以作及时处理。

3. 孕晚期保健。预防和减少低体重儿出生，防止早产，预防孕晚期并发症。采取有效措施，例如考虑分娩计划，确定分娩方式，加强监护，正确掌握和处理分娩各产程，减少难产，防止胎儿缺氧及宫内窒息等。

分娩前应该做好哪些准备

1. 精神准备。产妇应该要有信心，在精神上和身体上做好准备，用愉快的心情来迎接宝宝的诞生，丈夫应该给孕妇充分的关怀和爱护，周围的亲戚朋友及医务人员也必须给产妇一定的支持和帮助。

2. 身体准备

睡眠休息：分娩时体力消耗较大，因此分娩前必须保持充分的睡眠时间，娩前午睡对分娩也有利。

生活安排：接近预产期的孕妇应尽量不外出和旅行，但也不要整天卧床休息，轻微的、力所能及的运动还是有好处的。

性生活：临产前绝对禁忌性生活，免得引起胎膜早破和产时感染。

洗澡：孕妇必须注意身体的清洁，由于产后不能马上洗澡，因此，住院之前应洗澡，以保持身体的清洁，如果是到浴室去洗澡必须有人陪伴，以防止湿热的蒸汽引起孕妇的昏厥。

家属照顾：双职工的小家庭在妻子临产期间，丈夫尽量不要外出。实在不行，夜间需有其他人陪住，以免半夜发生不测。

3. 物质准备。分娩时所需要的物品，怀孕期间都要陆续准备好，怀孕第10月时要把这些东西归纳在一起，放在家庭成员都知道的地方。这些东西包括：

产妇的证件：医疗证（包括孕妇联系卡）、挂号证、医保卡或公费医疗证。

婴儿的用品：内衣，外套，包布，尿布，小毛巾，围嘴，垫被，小被头，婴儿香皂，肛表，扑粉等均应准备齐全。尤其出院抱婴儿的用品必须事先包好，做好记号。

产妇入院时的用品：面盆，脚盆，牙膏，牙刷，大小毛巾，卫生棉，卫生纸，内衣，内裤等。

自然分娩有哪些好处

胎儿生活在羊水内，呼吸道内存在着一定量的羊水和黏液。阴道分娩的胎儿经过子宫收缩和产道的挤压，使胎儿肺里和呼吸道内的羊水和黏液得以流出，减少了新生儿羊水、胎粪吸入肺里的发生。

胎儿胸廓受到有节律的压缩和扩张，促使胎儿肺部产生一种叫做肺泡表面活性物质的东西，使胎儿出生后肺泡富有弹性，容易扩张。

阴道分娩时，胎儿头部不断受挤压，刺激胎儿呼吸中枢，有利于出生后建立正常呼吸。

阴道自然分娩的产妇，产后身体恢复大大快于剖宫产，能有较多精力照料婴儿。

自然分娩的产妇还能避免剖宫产的许多并发症和后遗症。因此，当具备自然分娩的条件时，应听从医生的指导，选用阴道分娩这种自然、安全、对母婴都有利的分娩方式。

什么是不孕不育

不孕和不育都是指结婚多年而没有孩子。两者的区别就在于不孕是指夫妻婚后同居 2 年以上，性生活正常，未避孕而没有怀孕者；而不育则是指能怀孕并且有过妊娠史，但因多种原因而没有生产活婴的夫妇。一般情况下，不孕多属受精障碍；而不育则多为受精卵着床后胚胎或胎儿的孕育障碍。

导致不孕不育的原因是什么

女性不孕的原因主要有：

（1）排卵功能障碍，表现为月经周期中无排卵，或虽然有排卵，但排卵后黄体功能不健全。

（2）免疫学因素：系指女性生殖道或血清中存在有抗精子抗体，引起精子丧失活力或死亡，导致不孕或不育。此外，部分不孕妇女的血清中存在有对自身卵子透明带抗体样物质，可阻碍精子穿透卵子受精，亦可引起不孕。

（3）生殖器官先天性发育异常或后天性生殖器官病变，阻碍从外阴至输卵管的生殖通道通畅和功能，妨碍精子与卵子相遇，导致不孕。

（4）性生活失调、性知识缺乏、全身系统性疾病及不明原因等引起的不孕约占不孕症病因的1/3左右。

导致男性不育的因素可能有：

（1）内分泌因素。下丘脑、垂体的发育不良，功能障碍；

（2）睾丸因素，睾丸发育不良，功能障碍，炎症，如无睾症、隐睾、精索静脉曲张、睾丸炎等；

（3）精子与精浆功能异常，纤毛滞动综合征、生殖道感染；

（4）输精管道梗阻。先天性输精管道及精囊阙如、睾丸与附睾头分离、附睾和输精管连接中断；后天性的：生殖道炎症引起输精管道阻塞；

（5）性功能障碍与射精功能障碍，性欲减退，勃起功能障碍，早泄，不射精，逆射精；

（6）免疫性不育；

（7）药物因素，放射性因素，环境因素，全身疾病，精神紧张。

哪些生活习惯会影响生育能力

1. 过频的热水浴：睾丸产生精子需要比正常体温37℃低1℃－1.5℃的环境。过频、过久的热水浴对精子数量少、活率低的不育患者是不适宜的。

2. 营养不良和偏食：精子的产生需要原料，因此生精功能和营养水平密切相关。多吃些瘦肉、鸡蛋、鱼类、蔬菜，保障必要的蛋白质、维生素和微量元素的供给还是必不可少的。

3. 精神忧郁及过度疲劳：忧郁和疲劳可影响性功能和生精功能。

4. 过多地骑自行车、摩托车、三轮车和骑马等：这往往使前列腺和其他附性腺受到慢性劳损和充血，影响它们的功能及加重慢性炎症，影响生育力。

不育夫妇在生活中须注意什么

不孕不育的患者，除了查明病因，针对性地进行治疗外，在生活上也应加以注意，这样才能锦上添花，从而收到更佳的疗效。那么生活上应注意些什么呢？

（1）心理上要坦然，不能过分焦虑和忧虑。

（2）避免不良环境因素。对一些可能影响生育的工作应当注意防护。如，应避免接触放射线和对身体有害的物质如某些化学品和重金属等，避免高温作业等。不孕、育患者应尽量避免抽烟饮酒。

（3）增加营养，加强锻炼。多食一些肝、脑等动物内脏有利于性激素的合成。维生素类也是必需营养，因此经常服用一些多种维生素，如维生素A、B、C、E，有利于增加受孕机会。

如何治疗不孕不育

不孕不育症的治疗，应在男女双方全面、系统地检查、确诊后，针对病因，进行中西医结合治疗。

（1）男性不育的治疗：

精液异常：如无精子症或精子减少症，应积极治疗原发病，也可采用激素、中药、针灸治疗。

精子运送障碍：如输精管阻塞、尿道上裂或下裂、星丸鞘膜积液、精索静脉曲张等，均可进行手术治疗；因性功能障碍引起的，应对症治疗。

（2）女性不孕的治疗：

排卵障碍：常采用药物治疗以促进排卵。如克罗米芬，从月经周期第5天开始服用，每日1次，每次50mg，5日为1疗程。可配合己烯雌酚，于月经周期第5～14日每日口服0.25mg。或用绒毛膜促性腺激素肌内注射。也可采用中药辩证论治或分期调整卵巢功能。

受精障碍：如受精卵着床受阻，应积极治疗阴道炎、宫颈炎、输卵管阻塞、阴道滴虫等；手术治疗某些畸形。

免疫因素：个别妇女有抗精子的抗体，能凝集精子使之不能穿过宫颈黏液。对此可采用避孕套半年以上，使女方阴道暂不接触男方精液，以后再不用避孕套，有可能受孕。

（3）男女双方因素所致不孕的治疗：如性交过稀，减少受孕的机会；性交过频，使精液稀释、精子发育不全，也会影响受孕。因此应学会预测排卵期，利用排卵期前后最易受孕的几天性交。

此外，还有用人工方法将男方精液送入子宫颈或宫腔内的“人工授精”，以及“试管婴儿”、取卵宫腔配子移植等人工助孕方法。

什么是宫外孕

宫外孕，也叫异位妊娠，凡受精卵在子宫腔以外的任何部位着床者，都称为宫外孕。根据着床部位不同，有输卵管妊娠、卵巢妊娠、腹腔妊娠、宫颈妊娠及子宫残角妊娠等。异位妊娠中，以输卵管妊娠最多见。

宫外孕是最常见的妇科急腹症之一，常常被漏诊和误诊，这就增加了潜在的危险性。比较常见的宫外孕是输卵管妊娠，在停经后一至两个月内，受精卵越来越大从而撑破输卵管，造成大出血，引起休克甚至危及女性生命。宫外孕患者在早期与正常妊娠没有明显区别，但随着胚胎的长大可以穿破输卵管壁或自输卵管伞端向腹腔流产，造成腹腔内出血，甚至因失血性休克威胁孕妇的生命。所以，要尽早诊断并及时作出相应处理。

如何预防、治疗宫外孕

宫外孕比较难以预防，但以下女性容易发生宫外孕。

（1）有附件炎、盆腔炎病史的妇女；

（2）有输卵管手术史的妇女；

（3）不孕症；

（4）有“宫外孕”史的妇女；

（5）上着宫内避孕器的妇女。

宫外孕是一种比较危险的妇科疾病，所以在日常生活中要做好防治宫外孕的保健，以减少宫外孕的机会或防止出现严重后果。

（1）积极防治输卵管炎。由于引起宫外孕的常见原因是慢性输卵管炎，所以做好输卵管炎的防治显得非常重要。在产后、流产后和月经期要注意卫生，预防感染现象。如有输卵管炎，应及时彻底地治疗，以免后患。

（2）临时急救的保健。输卵管妊娠经确诊后，应立即输血以补充失血，并进行开腹手术，切除病灶。

（3）保守治疗及保存生育功能的保健。对于一些轻症患者，如内出血不多，一般情况好，可应用中西医结合的非手术治疗方案，非手术治疗也必须在医院进行，并严密观察血压、脉搏，做好手术准备，以防出现意外来不及抢救。如病情不见好转，应立即进行手术治疗。

第八章 计划生育药具管理

什么是计划生育药具管理

计划生育药具管理，是指对在计划生育技术服务过程中所使用的避孕药具进行计划、收购、调拨、供应、保管和技术宣传指导等一系列管理活动。搞好计划生育药具管理，做好避孕药具的生产和供应工作是贯彻“预防为主，避孕节育为主”方针，实现计划生育“孕前型”管理的重要技术保障，对于减少计划外怀孕和出生，降低人工流产率，保护妇女的身心健康，从而有效地实现计划生育人口控制目标有着重要的作用。计划生育药具管理工作的好坏，不仅关系到国家人口政策和各级人口计划目标的贯彻执行效果，关系到人口控制和计划生育工作的成败，也对党群关系、政府与人民的关系，对社会安定团结大好政治局面的维护与巩固有着极大的影响，必须引起各级领导的高度重视。

计划生育药具管理的原则是什么

计划生育药具管理的原则是：

1. *注重社会效益，兼顾经济效益*

计划生育药具管理既是一种综合性的社会服务活动，也带有经济活动的特性。避孕药具是一种非营利性的特殊商品。在避孕药具的生产、供应、发放过程中，既要考虑经济效益，更要强调社会效益。这种社会效益主要表现在避孕药具对促进全社会人口控制的技术保障作用方面。药具管理工作应始终围绕着药具的节育效果、使用范围等这些最直接、最根本的目的来进行，加强药具的生产和质量管理，进一步畅通调拨、供应和发放渠道，大力宣传药具的作用和使用方法。另外，还应重视基层药具管理和服务人员的培训，完善药具管理，防止浪费和过期失效，既要使避孕药具物尽其用，又要努力提高药具服务水平。在计划生育药具管理的各个环节上，都应始终把社会效益作为衡量工作好坏的最高标准，努力提高管理工作的水平和避孕药具的实际效果。同时，为了充分调动各个方面的积极性，有效地筹集资金，促进计划生育药具管理工作的深入发展，药具管理部门应在不断提高避孕药具实际避孕效果的前提下，努力提高避孕药具的经济效益，以更好地发挥避孕药具的作用。

2. 保证供应、满足需要

计划生育政策的落实和各级人口计划目标的实现都必须要有避孕节育物资和技术的保障。保障避孕药具的供应是实现人口控制目标的重要物质条件。加强药具工作，做好避孕药具的生产、供应和发放，是促进计划生育向“孕前型”管理转化的重要步骤。要使千家万户的生育活动按计划进行，避孕药具的供应必须充足。

3. 最大限度地方便群众、服务群众

方便群众、服务群众的原则是药具管理工作的出发点和归宿。药具工作的各个环节、各个方面都要围绕着这个基本要求来开展。由于我国地域辽阔，各个地区的经济文化发展情况、交通条件的差异极大，要把避孕药具送到广大使用者手中，工作是十分艰难和复杂的。这就要求各地区、各部门都来重视药具发放供应工作，进一步树立服务全局的思想，采取必要措施，健全各级药具发放网。各基层单位，如村民委员会、城镇居委会、厂矿企业的基层组织都应有专、兼职投药人员，进村入户、服务到人，从根本上解决群众使用药具难的问题。另外，还应切实抓好流动人口的药具服务工作，建立健全以计划生育系统为主渠道，医药、商业、卫生等部门为辅助渠道的避孕药具服务体系，实行“多渠道，全方位，开放式”的避孕药具供应发放网络。

《人口与计划生育法》有关药具发放的政策

《人口与计划生育法》第二十一条规定："实行计划生育的育龄夫妻免费享受国家规定的基本项目的计划生育技术服务"。

"基本项目"的计划生育技术服务范围一般包括：避孕药具、放置和取出宫内节育器、绝育术、人工终止妊娠术、技术常规规定的各项医学检查，计划生育手术并发症的诊治等。

计划生育药具管理有哪些主要环节

计划生育药具管理工作主要包括计划编制、合同管理、药具调拨、仓储、供应发送和技术指导等方面。

1. 避孕药具的计划与调拨

做好药具的计划编制是计划生育药具管理的首要环节。避孕药具计划可以分为需要计划、分配计划和生产计划三类。药具需要计划的制定必须采取自下而上的办法，由基层药具部门和药具工作者在进行详细调查研究的基础上，根据广大育龄人群对避孕药具的实际需要编制本辖区的药具需要计划。其内容包括本地使用药具的人数、用药品种、规格、型号、数量等等。然后，根据隶属关系逐级上报，由国家计划生育委员会根据各级汇总的情况和当前投产的避孕药具状况，提出全国需求计划，经与卫生、医药管理等有关部门协调平衡后下达。需要计划一般是逐年编制的。

各省、市、自治区在国家计划生育委员会核定计划的基础上，负责与有关计划生育供应站和厂家签订订货合同。合同生效后，双方必须恪守信用。供货方应尽一切努力保证按期交货、严格执行合同。各级药具管理部门则应严格履行合同。

药具分配计划由计划生育药具管理部门按照各地的需要计划编制。在编制中以实际需要为根据，既要避免药具断档，也应杜绝损失浪费。驻地大型厂矿、企事业单位、部队、武警和铁道工程指挥部的药具需要计划也应包括在地方药具供应计划之内，同样要保证供应，做好药具服务。

2. 避孕药具的仓储和供应

避孕药具是有价商品，必须妥善保管，防止浪费。各级药具管理站的药具库存保管设施应符合标准要求。各级基层药具管理站、管理员应配备必要的药具保管柜、箱，按照要求存放合理数量的药具。在药具的保管中，应专库专用，分类放置药具，还应严格库存药具的计价核算工作，做到入库有凭据、出库有手续、损耗有审批。对于调入的药具，应本着先进先出的原则发放，以防止过期失效。另外，还应做好避孕药具购进、调入、供应、发放、调出的统计工作，做到账、卡、物相符。

各级药具管理部门要定期对库存药品进行全面、认真的清理。库房实物管理也要坚持勤查勤盘，做到日清月结，发现问题及时解决。各级药具站和药具工作者应根据本地、本单位的实际需要保持三至八个月规定的库存。对于不够的品种，要增加订货，及时补充。对于超过规定库存规定期限的药品，可以进行内部调剂，做到既充分满足群众需要，又避免浪费。

3. 药具的质量控制

避孕药具是供健康夫妇使用的一类特殊药品（具），其质量的好坏直接关系到计划生育政策和人口目标的落实。许多药具的使用时间长，长期对人体产生影响，与群众的身体健康密切相关。因此，抓好避孕药具的质量控制工作极为重要。

药具的质量首先决定于生产环节，计划生育部门，特别是药具供应管理部门应把质量监督作为一项重要任务切实担负起来，通过对生产厂家的现场管理检查和在产品流通中的随机抽样质量检测进行药具质量评比。计划生育药具管理部门在收货时一定要有质量检查，要认真处理用户提出的质量问题，分清责任，依法处理。

药具的质量不仅受生产过程的影响，药具的运输、仓储、发放过程也对质量影响很大。在药具管理的环节上，都应注意质量保证工作，特别是在药具供应发放工作中更应如此。应努力避免出现药具潮解变质，或将储存期满的药具不经复检就发放下去使用的现象。

4. 药具使用的宣传和技术服务

避孕药具使用的宣传、技术指导和服务是一项十分重要的工作。计划生育部门应与卫生、医药等部门密切合作，积极依靠基层计划生育干部和妇女干部等做好经常性的药具服务工作。

在工作方法上，应努力避免单纯对避孕药具的领发，应采取多种形式，利用各种渠道全面落实“避孕为主”的方针。开展普及优生、优育、避孕节育的科学知识，传播有关信息、为节育对象送药上门，提供咨询等方面的服务，通过各种形式，通俗易懂、简便易行地宣传避孕药具的科学知识和使用方法，满足不同年龄和文化层次人群的不同需要，坚持分类指导、服务到家，把药具服务同宣传教育密切结合起来，使药具管理和服务工作提高到一个新的水平。

5. 药具包干经费的使用管理

避孕药具的经费实行经费包干、计价调拨的管理办法。避孕药具的包干经费是国家对地方计划生育管理部门核定拨付的用于向全社会提供药具服务业务的专项预算资金。对药具包干经费要设立专账专户，在各级计划生育委员会的协调、指导和监督下，由各药具服务站设专职财务人员管理，实行专款专用。

药具包干经费划分为三部分：购买药具经费；业务活动费；浮动经费。

（1）购买药具经费：按包干经费基数的70%核定指标，这部分经费由国家计生委掌握，在规定的指标内根据国家计生委、中国医药公司在全国避孕药具工作会上安排的收购分配计划签订合同。对新包干的省、市按会议上安排分配计划的数量，核算所需购药具经费，由国家计生委按规定的拨款比例，提前预拨给中国医药公司，以便安排收购和调拨。

承包省购买药具经费如果低于包干基数的70%，结余部分由国家计生委统筹安排。

（2）业务活动经费：按包干经费基数的15%核定，由国家计生委一次拨给承包省，用于药具供应发放的业务性支出（如储运，购置运输工具及必要的器材，修建库房等）。

（3）浮动经费：按包干经费基数的15%核定，暂由国家计生委掌握。经过年终考评，承包省达到了“避孕药具工作管理办法”中规定的考评标准，浮动经费全部拨给承包省；达不到考评标准的，根据情况扣减一部分或全部浮动经费。

计划生育药具管理机构包括哪些

计划生育药具管理机构包括各级计划生育药具管理机构和承担计划生育药具管理工作的计划生育技术服务机构。

计划生育药具管理工作的基本任务是什么

计划生育药具管理工作的基本任务，是指计划生育药具的计划管理、采购管理、经费管理、质量管理、供应发放和随访服务等。

计划生育药具管理工作坚持什么原则

计划生育药具管理工作坚持以人为本，实行避孕方法的知情选择，为育龄夫妻提供优质服务。

国家为实行计划生育的育龄夫妻免费提供计划生育药具；育龄夫妻在户籍所在地或者现居住地可以免费获得计划生育药具。

乡级计划生育药具管理机构有哪些职责

乡级计划生育药具管理机构承担以下任务：

（1）编制计划生育药具需求和发放计划；

（2）承担计划生育药具的仓储调拨、发放统计和宣传工作；

（3）为育龄夫妻发放计划生育药具、指导计划生育药具的使用和随访服务。

计划生育药具供应站有什么职责

计划生育药具供应站，依照计划生育药具年度订购计划，负责计划生育药具的收购、仓储和调拨。

从事计划生育药具管理和服务的人员应符合什么要求

从事计划生育药具管理和服务的各类人员，应当具有相应资格，并实行持证上岗制度。

从事计划生育药具管理和服务的各类人员，应当了解国家和地方的人口和计划生育及相关领域法律、法规和政策，掌握计划生育药具及相关专业的基础理论知识和实际操作技能。

根据分级、分类培训的原则，对计划生育药具管理和服务人员进行业务培训和继续教育。县级以上人口和计划生育行政部门负责制订培训计划，同级计划生育药具管理机构组织实施。

编制年度计划生育药具需求计划应坚持什么原则

编制年度计划生育药具需求计划的原则是品种齐全、结构合理，库存适量、杜绝浪费，保障供应、满足需求。

年度计划生育药具需求计划，要在计划生育避孕药具政府采购目录内，按照育龄人群（含流动人口）实际需要、人均使用量、现有库存量和上一年度需求计划执行情况编制。

计划生育避孕药具政府采购目录由国家人口计生委确定并公布。

编制计划生育药具需求计划的程序是什么

计划生育药具需求计划每年编制一次，乡级为起报单位。

县级以上计划生育药具管理机构编制的计划生育药具需求计划，需经同级人口和计划生育行政部门审核后，逐级汇总上报至药具发展中心；药具发展中心进行审核、汇总后，编制全国计划生育药具订购计划方案，经国家人口计生委批准后，逐级下达。

计划生育药具的经费应如何管理

《计划生育药具工作管理办法（试行）》规定：

（1）计划生育药具管理机构要严格执行国家有关财务管理规定，进行药具专项经费预算、决算和财务收支管理。药具专项经费必须纳入各级人口和计划生育事业经费部门预算，专款专用，不得挤占、截留和挪用。药具专项经费的使用范围、标准，要严格执行药具专项经费管理和会计核算的有关规定。

（2）计划生育药具采购经费由省级计划生育药具管理机构统一结算，并按照财政国库管理制度规定统一支付。

（3）计划生育药具业务工作经费由设区的市级以上计划生育药具管理机构编制年度预算，经同级人口和计划生育行政部门审核并报省级人口和计划生育行政部门批准后执行。

（4）计划生育药具管理机构要设置计划生育药具总账和明细账，对计划生育药具实行计价调拨，做到账账相符、账物相符。

如何做好计划生育药具的质量管理工作

1. 药具发展中心负责国家免费提供的计划生育药具的质量管理工作。国家人口计生委药具质量监测中心负责国家免费提供的计划生育药具的质量监督检测工作。

2. 县级以上计划生育药具管理机构要配备专（兼）职质量管

理人员，做好本级计划生育药具的质量管理，并对下级的计划生育药具质量管理工作进行指导、监督和检查。

3. 各级计划生育药具管理机构在计划生育药具的采购、仓储、调拨、发放过程中，要严格执行计划生育药具质量管理的有关规定，及时收集、反馈计划生育药具质量和企业售后服务的信息。

4. 报废过期、变质、失效的计划生育药具，要严格依照计划生育药具报损管理的有关规定，按照程序报批和处理。

计划生育药具的发放遵循什么原则

计划生育药具管理机构应当按照渠道畅通、保障供应、方便群众、提高效率的原则进行计划生育药具的发放与服务，农村要以现有服务网络为发放主体，城市要依托社区、机关、社会团体和企业、事业单位，确保计划生育药具发放的准确有效和及时到位，以满足广大育龄夫妻避孕节育的需求。

计划生育药具管理机构还应提供哪些服务

《计划生育药具工作管理办法（试行）》规定：

（1）计划生育药具管理机构应当广泛宣传国家发放计划生育药具的方针政策，大力普及避孕节育知识，指导育龄夫妻选择安全、有效、适宜的避孕节育方法。

（2）计划生育药具管理机构应当指导育龄夫妻安全使用计划生育药具，定期做好随访服务。

（3）建立计划生育药具发放服务和育龄夫妻需求信息的数据库，以信息引导服务，提高计划生育药具管理人员的工作水平和服务能力。

计划生育药具工作是否有监督制度

《计划生育药具工作管理办法（试行）》第三十五条规定：禁

止将国家免费提供的计划生育药具流入市场销售。

第三十六条规定：各级人口和计划生育行政部门应建立计划生育药具需求计划、订购计划和药具专项经费分配与使用的监督和通报制度。

各级计划生育药具管理部门应承担什么监督责任

国家人口计生委对全国计划生育药具经费使用和计划生育药具采购、管理、发放工作进行监督，并根据需要组织开展对药具专项经费使用情况和计划生育药具采购、管理、发放情况的检查。

省级以上人口和计划生育行政部门要加强对政府采购计划生育药具过程的监督。

计划生育药具采购合同生效后，同级人口和计划生育行政部门应当对计划生育药具采购合同的履行情况进行跟踪监督。

省级人口和计划生育行政部门要定期检查药具专项经费使用和计划生育药具采购、管理、发放情况。发现严重违法违纪问题的，应书面报告国家人口计生委。

省级人口和计划生育行政部门，应当针对计划生育避孕药具专项经费使用情况，计划生育药具采购、管理和发放中存在的问题，及时制定和落实整改措施，依法查处有关违法违纪案件。

各级计划生育药具管理机构，对计划生育药具计划统计、经费管理、购调存管理、质量控制、供应发放的全过程实行动态管理和监控。

我国是否有计划生育药具不良反应报告制度

《计划生育药具工作管理办法（试行）》第四十二条规定：建立计划生育药具不良反应的报告制度。

各级计划生育药具管理机构发现计划生育药具不良反应的，应当及时报告同级人口和计划生育行政部门；对计划生育药具严重不良反应的，应当同时逐级上报至国家人口计生委。计划生育药具不良反应报告的具体办法另行制定。

计划生育药具管理工作是否实行目标管理责任制

《计划生育药具工作管理办法（试行）》第四十三条规定：各级人口和计划生育行政部门按照分类指导、分级负责、逐级考核的原则，将计划生育药具管理工作纳入人口和计划生育工作目标管理责任制，定期进行考核。

如何进行药具的咨询随访

为确保每一月经周期药具使用效果，必须进行咨询和跟踪随访服务。对一般使用药具对象可以在每个月送药具的同时对上个月用药具情况进行咨询随访，如果是在哺乳期，或是疾病患者或智力低下者等使用药具要作为重点随访对象，在其用药具后10天进行再次随访，对出现的新情况、新问题及时处理。随访形式有上门随访、约定随访、书面随访、电话随访等多种方式，也可以利用网站互动问答，为群众提供更广泛的交流空间。在计划生育药具发放过程中，药管人员与群众产生良性互动，育龄群众在充分知情下自主选择适合自身的计划生育药具。

计划生育药具咨询随访服务制度是什么

1. 各级计划生育药具站应公开咨询电话，为使用药具的育龄群众提供有关避孕药具的使用方法、注意事项、使用效果、避孕失败时的补救措施、副作用及处理方法等方面的咨询服务。

2. 社区（村）药具发放人员应坚持做到重点服务对象按月随访达到100%，一般服务对象按季随访达到100%。要对使用药具的育龄群众定期进行随访，将新婚、人流、产后以及节育措施需要变更者纳入重点服务范围。

3. 提供咨询、随访服务人员应熟练掌握节育避孕专业知识、相关政策，并经过培训、获得《计划生育技术服务合格证》。

4. 服务人员应充分保护服务对象的隐私权。对服务对象所谈及的隐私及有关生殖健康的信息，服务人员必须予以保密，不得以任何理由提供给他人。

5. 各级服务人员应不断学习专业知识、提升业务技能，提高服务水平。

什么是计划生育药具发放人员持证上岗制度

1. 县、乡级计划生育药具发放人员原则上由市人口计生委进行资格审查、组织培训考试合格后签发《计划生育技术服务合格证》；市级计划生育药具发放人员由省人口计生委进行资格审查、组织培训并签发《计划生育技术服务合格证》。

2. 所有乡级以上计划生育药具发放人员必须持有省或市人口计生委签发的《计划生育技术服务合格证》。新调入人员必须持有《计划生育技术服务合格证》后，方可上岗。

3. 计划生育药具发放人员持有的《计划生育技术服务合格证》有效期为三年。期满应按规定程序及时进行校验。

4. 持有《计划生育技术服务合格证》的药具发放人员每年至少须接收一次的药具业务培训。

5. 村（社区）药具发放人员持《避孕药具发放证》方可上岗，《避孕药具发放证》由市级统一培训和发放，《避孕药具发放证》由省里统一印制。

计划生育药具质量及不良反应监测安全信息反馈制度是什么

1. 严格执行国家有关避孕药具质量所规定的标准、规章、制度。

2. 对每批入库、在库 90 天以上、特殊情况时质量养护及距上次检查超过 60 天的药具按品种进行以外观为主的检查，并做好记录。

3. 认真填写《计划生育药具质量问题报告表》，并及时上报。

4. 建立药具严重不良反应报告制度，认真填写《计划生育药具严重不良反应个例报告表》，并及时上报。

5. 对流通过程中出现的药具产品质量问题和群众使用过程中反映的质量投诉等信息进行收集、汇总和反馈。

6. 辖区内定期组织育龄群众使用药具情况的问卷调查。

计划生育药具管理站药具出（入）库监督管理制度是什么

1. 加强药具监督管理制度，严格执行避孕药具库房管理工作程序中的有关规定。

2. 药具入库时由保管员填写入库单，同时必须由计划员、保管员、质检员签字验收，经站长签字后方可入库。如出现相关问题，应各负其责。

3. 计划员、保管员、质检员应每月对在库药具进行数量核检和质量检查，并形成文字材料报部门负责人。业务领导应每季度负责组织对在库药具进行全面药具数量核对和质量检查并做好记录。

4. 药具出库时由保管员填写药具出库单，同时必须由计划员、保管员和质检员签字，并对数量和质量情况进行核查，经站长签字后，做到准确无误方可出库。

5. 计划员、保管员和质检员之间应相互配合、相互协调。